Dialann Dúlra

Le Tony McNally

www.gaelink.ie

Foilsithe ag:
Gaelink Design
Doire an Fhuaráín
Co. Liatroma

www.gaelink.ie

© Tony McNally 2010
An chéad chló 2010
ISBN 978-0-9567283-0-2

Dearadh le Fiachra Ó Tórna
Arna chlóbhualadh in Éirinn ag Walsh Colourprint

Le tacaíocht ó

Comhar na
Múinteoirí Gaeilge

An Chomhairle um Oideachas
Gaeltachta & Gaelscolaíochta

Brollach

Cuirim fáilte roimh an leabhar seo. Tá súil ghéar ag an údar agus is beag rud nach dtugann sé faoi deara, i gcónaí ag coimeád súile ar eachtraí na mórthimpeallachta. Tá cur síos anseo ar an chéad bhumbóg go luath san earrach, ar cheol na cuaiche i Mí Bealtaine agus ar chiaróga ablaigh i Mí Lúnasa.

Dialann é seo ó Eanair go Nollaig, agus dhá gheimreadh ann dá bharr. Le linn na tréimshe i gceist, tá éifeacht athrú aeráide agus ceapadh teasa domhanda le sonrú. Bhí an t-údar ábalta periwinkle gorm a fheiscint faoi bhláth i Mí Eanáir, agus duilleoga na cluaise caoine agus boladh na gairleoige a thabhairt faoi deara i Mí Feabhra. Tá cur síos sa leabhar ar eachtraí froganna i dTír Chonaill Lá Vailintín. Dátaí an-luath iad seo agus mar sin is taifead an-tabhachtach iad i dtaca le hathrú aeráide.

Athraíonn an scéal ó bhliain go bliain ag brath ar an aimsir. Is cinnte nach mbeifí ábalta na rudaí céanna a fheiscint i Mí Feabhra i mbliana óir bhí Earrach déanach againn de bharr na haimsire fuaire . Tá cur síos deas sa dialann seo ar scata síodeiteach a tháinig ar cuairt go Cathair Bhaile Átha Cliath i Mí na Nollag. D'fhan siad ar feadh tamaillín maith. Ach bhí scéal eile ann ag deireadh 2009. Bhí an aimsir chomh crua sin ar Mhór-roinn na hEorpa gur tháinig na mílte éan chugainn ag ealú ón bhfuacht – éin cosúil le deargáin sneachta agus sacáin.

Rud atá soiléir ón dialann seo - ní bhíonn aon dá bhliain mar an gcéanna i ngach treo. Is fiú go mór súil a choinneáil ar oscailt agus bheith ag faire i gcónaí. Tugann an leabhar seo spreagadh dúinn é seo a dhéanamh. Is féidir le gach duine – idir óg agus aosta - sult a bhaint as an scríbhneoireacht agus as na pictiúirí.

Éanna Ní Lamhna

Is do m'anamchara
Marian an leabhar seo
as ucht a cuid tacaíochta
agus tuisceana.

Daoibhse uilig a thug
cabhair agus ábhar dom,
gabhaim mo mhíle
buíochas libh.

Tony

Réamhra

Dialann dúlra atá sa leabhrán seo, cur síos ar ghnéithe suntasacha den saol tuaithe a chuaigh i gcionn orm féin i rith na bliana. Ar ndóigh, baineann an cuntas le bliain ar leith (2008), ach sa mhéad go bhfuil síoraíocht agus seasmhacht ag baint le casadh na bliana, d'fhéadfadh bliain ar bith a bheith i gceist.

Baineann na tuairiscí le Tír Chonaill agus Baile Átha Cliath don chuid is mó óir is iontu siúd a chaithim mórchuid mo shaoil faoi láthair. Má's ea, is minic fosta mé ag gluaiseacht ó thuaidh agus ó dheas sa bhabhtáil seo, agus tugann seo deis dom siúl na séasúr a mheas agus geáitsíocht lucht talún agus aeir a bhreathnú. Maille le mo bhreathnadóireacht féin, téim i mbun an idirlín go rialta le scéalta faoi dhúlra na hÉireann a aimsiú agus a ríomh. Is iontach an áis í agus suíomhanna den scoth ann ach dul ar a dtóir. Tá ceann nó dhó luaite tríd síos anseo de réir mar a fuaireas féin iad.

Iarracht is ea an leabhar seo aird daoine a dhíriú ar ghnéithe den saol nach dtugtar faoi deara go minic de bharr mire agus luas ár sochaí. Deirtear go bhfuil súil circe i ndiaidh an ghráinne ar cheann de na rudaí is géire ar domhan. Súil circe atá uainne i ndiaidh na ngráinní eolais agus iontais atá scaipthe thart orainn ach a dhul ar a dtóir.

Mar áis don léitheoir, agus siocair nach bhfuil go leor d'ainmneacha na n-ainmhithe agus na bplandaí anseo i mbéal na ndaoine, tá gluais curtha leis an leabhar seo. Tá an t-ainm Gaeilge maille leis an leagan Béarla le fáil inti. Scaití bíonn níos mó ná leagan amháin den ainm coiteann in úsáid agus cuireadh an t-ainm Laidine leo (an t-ainm a mbaineann na heolaithe feidhm as) ar mhaithe le haon éiginnteacht a sheachaint.

Ar ndóigh, ní cuntas acadúil atá anseo, ach nótaí gairide éagsúla ar an iliomad gnéithe den saol nádúrtha mar a fuaireas féin iad. Má tá bréag ann is orm féin an locht!

Eanáir
AN GEIMHREADH

Tráth seo na bliana bíonn cuma chiúin ar domhan na lus 's na dtor, agus cheapfá b'fhéidir nach bhfuil mórán ar siúl sa saol nádúrtha agus nach mbeidh go ceann roinnt seachtainí go fóill. Ach caithfidh dúile beo lá a bhaint amach 'chuile lá den bhliain; ó Shamhain go Bealtaine agus ó Bhealtaine go Samhain.

Fiú i ndúluachair an gheimhridh tá an bradán gnóthach. Le roinnt seachtainí anois tá na scarbháin á dtochailt acu le sceitheadh iontu. Agus sin déanta rachaidh na héisc chaite (dádacha a thugtar orthu) le sruth. Cuid acu, bainfidh siad amach an fharraige arís, ach gheobhaidh go leor acu bás tar éis shíol na glúine úire a fhágaint ar gor i ngairbhéal ar ghrinneall na habhann.

bradán; *salmon*

liús; *pike*

Díreach ar Lá Caille tá slatiascairí na tíre ag fáil faoi réir don bhiaiste nua. Tá bradáin úrgheala ina rith arís in aibhneacha na tíre. Bíonn tús an tséasúir bhradáin éagsúil ó thaobh an dáta ar a dtosaíonn sé. Is ar Abhainn na Drobhaise in iarthuaisceart na hÉireann a bheirtear ar an chéad bhradán go minic. Is amhlaidh mar a bhí i mbliana nuair a rugadh ar bhradán trí phunt déag meáchain gar do Cheann Locha i gContae Liatroma ar an seachtú lá d'Eanáir. Corrbhliain sáraíonn slatiascairí na Life ar mhuintir na Drobhaise agus beireann leo an gradam.

focloir

na lus 's na dtor; *herbs and shrubs*	dádacha; *kelts*
dúile beo; *living creatures*	Lá Caille; *new years day*
scarbháin; *redds*	slatiascairí; *anglers*

Creidiúint: Pádraig Whooley, IWDG

Deilf: *Dolphin*

Ar ndóigh tá éisc eile i mbaol ón iascaire tráth seo na bliana chomh maith. Ceann acu siúd is ea an liús – creachadóir fíochmhar ann féin. Rugadh ar liús ábhairín os cionn fiche cúig phunt go leith meáchain ar Abhainn na Sionainne i rith na míosa.

Ná ceapa tú gur ag iascairí amháin atá deis bheith amuigh faoi láthair. Tá iontaisí go leor feicthe ag lucht faire na míolta móra fá chósta na hÉireann i mbliana. Le dornán beag seachtainí anuas tháinig trí mhíol mhóra de chineál an droimeitigh i dtír i gCorcaigh, i gCiarraí agus i nGaillimh. Rud an-aisteach is ea seo, fiú 's go bhfuil an droimeiteach le feiscint go coitianta fán chósta.

Tá go leor míolta eile le feiceáil, ach go háirithe má chaitear seal ar cheann tíre in aimsir chalma. Orthu siúd is coitianta tá na muca mara agus na deilfeanna. Ní réitíonn siad seo le chéile ámh agus thart fán Nollaig chonacthas scuaine deilfeanna ag ionsaí agus ag marú muc mhara i gcuan Chorcaigh. Chuaigh na deilfeanna sa tóir ar an gcréatúr bocht (gur lú go mór é ná na deilfeanna) agus

focl óir

liús; *pike*	**droimeitigh;** *finwhales*
creachadóir; *predator*	**muca mara;** *porpoises*
míolta móra; *whales*	**deilfeanna;** *dolphins*

léimeadar sa mullach air arís agus arís eile lena choinneáil fó thoin agus lena bhá. Thugadar suncanna dá ngob dó nuair a bhí sé ar an dé deiridh. Meastar gur iomaíocht idir an dá speiceas atá fá ndear an aighnis seo agus ní hé go n-íosfadh na deilfeanna na muca.

Thugas sciuird síos don mBulla Thuaidh i mBá Bhaile Átha Cliath ar an Domhnach deireanach den mhí. Lá aoibhinn Earraigh a bhí ann dáiríre. Shiúil mé ó thuaidh ón dtóchar ar an dtaobh istigh den oileán, is é sin ar thaobh an riasc ghoirt seachas fán dtrá. Gnáthóg is ea an riasc goirt atá faoi réim na taoide agus líonann na rabhartaí go barr an réisc. Ní fhásann an ghnáthóg seo ach in áiteanna go bhfuil cosaint ar ionsaí farraige agus tonntracha tréana. Is anseo, nuair a mhaolaítear ar an sruth, a scaoileann an t-uisce lena ualach láibe agus déanann gnáthóg torthúil a chothaíonn na mílte éan.

Roilleach: *Oystercatcher*

Cóipcheart: *northeastwildlife.co.uk*

foclóir

speiceas; *species*	**gnáthóg;** *habitat*
tóchar; *causeway*	**ualach láibe;** *silt load*
riasc goirt; *saltmarsh*	

Cóipcheart: northeastwildlife.co.uk

Éigrit Bheag: *Small Egret*

Cé gur lá bog geal a bhí ann, ní raibh fás ar bith i bhfianaise agus tír bhuí, liath a bhí romham ann. Os a choinne sin, bhí éanacha ildaite fud fad an chladaigh; lacha agus lapairí ag freastal na trá lena gcuid a shaothrú. Dar ndóigh bíonn dhá lántrá in aghaidh an lae agus in ainneoin an tseanfhocail déanann na lapairí (an gobadán ina measc) an dá thrá a fhreastal!

Bhí na céadta roilleacha, bán agus dubh lena ngob agus cosa flanndearga, ar fáir ina scata taibhseach. Bhí crotaigh agus laidhríní trá ag saighdeadh na láibe go santach sara bhfillfeadh an taoide. Bhí an lacha spadalach ar cheann des na lachain is fairsinge ann, cé go raibh go leor mallard, lachain rua, agus praslachain thart chomh maith.

foclóir

lapairí; *waders*	**laidhríní trá;** *redshanks*
gobadán; *sandpiper*	**lacha spadalach;** *shoveler duck*
roilleacha; *oystercatchers*	**lacha rua;** *wigeon*
crotaigh; *curlews*	**praslacha;** *teal*

Chonac éan nua-thagtha ar an riasc leis. Le dornán blianta anuas tá an corr réisc bhán (an t-éigrit bheag) curtha faoi in Éirinn. Is éasca iad a aithint táid chomh geal sin agus bíonn fuadar fúthu i gcónaí. Ní hionann iad agus ár gcorr réisc féin, a sheasann go ciúin foighdeach, staidéarach, ach gluaiseann an corr réisc bhán ar nós rith na bó bradaí, sciuirdeanna mífhoighdeacha thall 's abhus. Tá cosa an éin seo dubh, ach amháin na méaranna atá buí. Is éasca seo a aithint agus é ag eitilt; na cosa dubha sínte siar agus na hordóga buí crochta mar a bheadh stiúir ann. Mar an gcéanna lenár gcorr réisc dhúchasach féin, bíonn an scrogall lúbtha agus a cheann sáite siar idir na guaillí aige agus é ag eitilt.

Bhí roinnt éin talún fud an réisc fosta, mar a bhí cúpla caislín cloch agus fuiseoga, agus chonac giorria aonair ar chosa in airde trí na locháin tanaí ag teitheadh uaim. Thart fá gharraí an tí bhí cúpla comhartha luath an Earraigh le feiceáil cheana. Bhí na bachlóga ag péacadh ar hydrangea crochta den mballa, agus bhí féithleann a thógamar ó Thír Chonaill beagnach faoi dhuilliúr. Agus ansin i mbarr an fhál sceiche bhí bláth amháin den periwinkle *(Vinca major)* mar a bheadh buabhall ann ag fógairt teacht an Earraigh.

Tá caint go leor na laethanta seo ar athrú aeráide agus ceapadh teasa domhanda. Is féidir athruithe fadtéarmacha in aeráid na hÉireann a mheas trí staidéar a dhéanamh ar mhóreachtraí séasúracha na bliana nádúrtha, eachtraí an Earraigh ach go háirithe. Táthar ag clárú an dáta is luaithe ar a dtarlaíonn eachtraí a leithéidí péacadh na mbachlóg ar chrainn áirithe, céadbhláthú na fearnóige nó an tsabhaircín, an chéad bheach nó eochraí loscáin srl. Is féidir le cách cur leis an eolas seo agus do chuid fianaise féin a sheoladh isteach go 'Natures Calendar' ag **www.biology.ie**. Deintear tiomsú ar an eolas seo go léir le pictiúr a chruthú ar chonas mar atá rudaí ag athrú ó bhliain go chéile.

foclóir

corr réisc; *heron*	**féithleann;** *honeysuckle*
stiúir; *rudder*	**athrú aeráide;** *climate change*
scrogall; *neck*	**fearnóg;** *alder*
caislín cloch; *stonechat*	**eochraí loscáin;** *frogspawn*

Feabhra
AN tEARRACH

*L*á Fhéile Bhríde, an chéad lá d'Fheabhra agus tús an Earraigh. Thit an oiread sin rudaí suimiúla amach i rith na míosa gur deacair rogha a dhéanamh cé acu a chur síos orthu anseo.

Ar mo bhealach síos go Baile Átha Cliath ó Thír Chonaill ag tús na míosa chonac scata ealaí glóracha i bpáirceanna báite gar do Leifear. Bhí thart ar tríocha acu ag iníor ar dhuilliúr beadaí bharr geimhridh. Ní hionann na healaí seo agus an eala bhalbh a lonnaíonn in Éirinn i rith na bliana. Cuairteoir geimhridh is ea an eala ghlórach a thagann chugainn ón Íoslainn. Is éasca an dá chineál a scaradh. Mar a chiallaíonn a n-ainmneacha ní chloistear mórán ón eala bhalbh, ach bíonn an eala ghlórach ag grágarsach leis i rith an ama. Má scrúdaíonn tú an gob tá difear mór eatarthu fosta. Gob dubh le bun buí atá ag an eala ghlórach. Gob

Cóipcheart: northeastwildlife.co.uk

Eala ghlórach: *Whooper swan*

eala ghlórach; *whooper swan*
eala bhalbh; *mute swan*
Íoslainn; *Iceland*
grágarsach; *cackling*

Eala Bhalbh: *Mute swan*

flannbhuí agus breall mhór dhubh ag a bhun atá ag an eala bhalbh. Agus má eitlíonn scata ealaí os do chionn agus feadaíl le cloisint óna sciatháin, is ealaí balbha iad mar nach ndéanann sciatháin na heala ghlóraí torann suntasach ar bith. Eala eile a thagann chugainn agus atá an-chosúil leis an eala ghlórach is ea eala Bewick. Nílid coitianta agus ní thagann ach líon beag díobh againn ón tSibéir gach geimhreadh. Is í an eala bhán is lú a fheictear in Éirinn, agus aithnítear ón eala ghlórach í mar go bhfuil níos lú buí ar a gob.

Níos faide anonn sa turas ó dheas, gar do Mhuineachán, thug mé éan mór faoi deara ag guairneáil thart sa spéir ar sciatháin leathana, iad ábhairín crochta. Clamhán a bhí ann. Le fada ní raibh an t-éan creiche seo le fáil ach in oirthuaisceart na hÉireann ach tá sé ag scaipeadh ar fud an oileáin le blianta gairide anuas. Tá sé ag dul i líonmhaire arís (go háirid ó cuireadh deireadh le

breall; *knob*
guairneáil; *wheeling*
Clamhán; *buzzard*
éan creiche; *bird of prey*

húsáid na nimhe stricnín) agus is beag turas siar ó dheas anois nach bhfeicim ceann nó dhó. Táid láidir thart ar lár Thír Eoghain agus Muineachán. Chonaic mé ceann i mBaile an Easa gar don Fhal Carrach agus d'airíos go raibh an dá sciathán mantach mar go raibh cleití in easnamh ag na huillinneachaibh. Bíonn siad ag foladh tráth seo na bliana agus caithfidh go gcothaíonn seo fadhbanna go leor d'aon éan creiche atá ag brath chomh mór sin ar aclaíocht. Bhí uain go leor sna páirceanna agus, cé gur chinnte nach baol ar bith an clamhán dóibh, rith sé liom go mb'fhéidir go bhfaigheadh sé corrbhéile de shlánú na gcaorach lena chothú in am an ghátair.

Tráth seo na bliana tá go leor páirceanna sa taobh seo tíre ar maos i sciodar an gheimhridh atá spréite ag feirmeoirí mar leasú le borradh a chur faoi fhás an fhéir. Níl cead acu é a spré roimh thús Feabhra. Aireoidh tú an boladh tréan broghach an áit a bhfuil sciodar spréite. Bíonn ar fheirmeoirí bheith cúramach le nach sileann an sciodar isteach i srutháin ná aibhneacha mar is ábhar láidir truaillithe é.

Cóipcheart: northeastwildlife.co.uk

Clamhán: *Buzzard*

mantach; *gapped*	leasú; *fertilizer*
foladh; *moulting*	
slánú; *afterbirth*	
sciodar; *slurry*	

Creidiúnt: Tony Mac An Fhailghigh

Sléibhín; faoileán ceann dubh: *black headed gull*

Tá dhá rud ach go háirithe a mharcálann tús an Earraigh domsa. Ceann acu is ea fás na gcleití dubha ar cheann na sléibhíní (faoileán ceann dubh). I rith an gheimhridh bíonn ceann fionn ar na faoileáin bheaga seo ach faoi dheireadh Feabhra bíonn cuid mhaith acu faoi éide ghalánta an tsamhraidh.

An dara rud a chuireann gliondar orm i gcónaí tráth seo na bliana is ea cumhrán trom bláthanna ghallán mór an gheimhridh (*Petasites fragrans* an luibheolaí). Aireoidh tú an boladh milis i bhfad sula bhfeicfidh tú an planda agus na bláthanna bándearga. Tá an planda seo fairsing go leor i mbailte móra agus

---

sléibhín; *black headed gull*
gallán mór an gheimhridh; *winter helleborine*
faoileán; *gull*
luibheolaí; *botanist*

Rón glas: *grey seal*

Cóipcheart: *northeastwildlife.co.uk*

i ndíoga scáthmhara an bhóthair go háirid faoi chrainn. Planda gallda is ea é agus thugaimis scáth fearthainne na bhfrancach air agus muid óg siocair na nduilliúr mór cruinn. Bhíodh cumha orainn siúl fríd ar eagla na bhfrancach a chreideamar a bheith faoi scáth ann.

Istigh faoi na crainn i bPáirc Naoimh Áine i mBÁC chonaic mé duilliúr plandaí eile ag gobadh aníos agus ag iarraidh a mhór a dhéanamh de sholas na gréine sula dtitfeadh clapsholas buan an tsamhraidh faoi lán-duilliúr na gcrann. Bhí duilleoga saigheadacha na cluaise caoine, agus duilleoga móra garbha an fheabhráin go feiceálach ann. Áit a shatail mé uirthi, fuair mé boladh tréan

díoga scáthmhara; *shady ditches*	clapsholas; *twilight*
siocair; *on account of*	
cumha; *fear*	
francach; *rat*	

18

géar na gairleoige. Bhí ioraí go líonmhar agus doicheallach ag tóch sa chré. Ar ndóigh ioraí glasa, nach ainmhithe dúchasacha iad, a bhí iontu seo. Cé go bhfuil an t-iora rua le fáil sa pháirc chomh maith, ní fhaca aon cheann an turas seo. Táid seo tearc go leor ann anois agus is minicí iad In airde i gcraobhacha na gcrann buaircíneach. De ghnáth an áit a bhfuil an t-iora glas ní bhíonn an t-iora rua. Deirtear go bhfuil víreas bolgaí á iompar ag an gcoimhthíoch atá marfach don iora rua. Níl an t-iora glas líonmhar taobh thiar den tSionainn agus is treise an t-iora rua ansin dá bharr.

Dé Domhnaigh i lár na míosa thugas cuairt ar chéibh Bhinn Éadair. Bhí drong bailithe ar fhalla na céibhe ag faire an uisce. Nuair a bhuaileas isteach ina

Creidiúint: Proinsias Mac an Fhailighigh

Inis Mac Neasain; *Ireland's Eye*

cluas chaoin; *cuckoo pint*
feabhrán; *hogweed*
shatail mé; *I trod on*
crann buaircíneach; *conifer*

víreas bolgaí; *pox virus*

Gainéad; *gannet*

Cóipcheart: northeastwildlife.co.uk

measc chonaic mé go raibh roinnt rónta cruinnithe ag bun na céibhe agus iad á mbeathú ag duine le mála ronnach. Trí rón ghlasa a chonaic mé agus rón beag amháin. Is mó go mór an rón glas agus tá soc mór cruinn aige. Tá malaí crochta ag an rón beag agus soc níos lú aige – is dathúla é ná a chomhleacaí. Bhí tús áite ag tarbh mór glas agus ní raibh fonn air géilleadh do rón ar bith eile. Bhí ar a chumas é féin a ardú díreach leath a fhaid amach as an uisce le ronnach beadaí a thógáil. De réir dealraimh tá na rónta cleachtaithe ar an nós seo anois mar go ndeineann lucht na siopaí éisc iad a bheathú go rialta ann. Ar ndóigh is mór an tarraingt é do chuairteoirí.

Foclóir

ronnach; *mackerel*
rón glas; *grey seal*
rón beag; *common seal*
soc; *snout*

drong; *crowd*
malaí crochta; *raised brows*

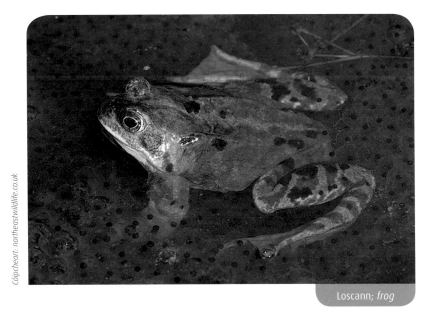

Cóipcheart: northeastwildlife.co.uk

Loscann; *frog*

Bhí ogastún (gainéad) ar snámh amach i lár an phoirt, beag beann ar na himeachtaí seo uilig go dtí gur bheag nár tomadh é ag trálaer ag déanamh ar an gcéibh faoi luas. Le roinnt blianta anuas (ó na hochtóidí) tá coilíneacht díobh seo bunaithe istigh in Inis Mac Neasáin. Níl an t-oileán ach ciliméadar amuigh ó cheann chéibh Bhinn Éadair agus neadaíonn cúpla céad péire ar an Staca ag an gcúinne thoir thuaidh den oileán gach bliain. Seo an choilíneacht is faide ó thuaidh i muir Éireann agus is drámatúil an radharc í i rith an tsamhraidh.

Chualas an chéad tuairisc i mbliana ar eochraí loscainn (glóthach froig) ar lá Fhéile Vailintín. Bhí cara liom istigh i ngarraithe an Chaisleáin i bPáirc Náisiúnta Ghleann Bheatha agus d'airigh sé meall eochraí i lochán tanaí ar an léana

beadaí; *tasty*
ogastún; *gannet*
beag beann ar; *regardless of*
Inis Mac Neasáin; *Ireland's Eye*

gar don chaisleán. Is cuimhin liom féin bliain amháin, oíche bhog thais i lár na míosa ag tiomáint thar mhám na Mucaise agus loscainn ina gcéadta ag preabadaigh ar an mbóthar. Éiríonn siad aníos ón bpluda inár chaith siad an geimhreadh agus déanann go tréan ar na locháin phóraithe, seolta ag mianta bunúsacha a gcine agus dall ar bhaolta ag a gcíocras doshéanta. Dála an scéil, lean mo chara air go ceann an locha, áit a bhfuair sé radharc breá ar phéire iolar fíréan. Tógadh isteach thart ar caoga des na hiolair seo mar chearca ó Albain le blianta beaga anuas agus táid ag pórú anseo in Éirinn arís den chéad uair le thart ar chéad bliain. Is mór is fiú cuairt a thabhairt ar an gceantar álainn seo.

Creidiúint: Tony Mac an Fhailghigh

Iolar fíréan; Golden Eagle

foclóir

mám na Mucaise; *Muckish gap*
pluda; *mud*
locháin phóraithe; *spawning pools*
iolar fíréin; *golden eagle*

Márta
AN tEARRACH

Ainmhí a luaitear leis an Márta i gcónaí is ea an giorria – 'chomh mire le giorria an Mhárta' a deirtear. Tráth seo na bliana bíonn na giorriacha ag cúpláil agus i rith na tréimhse bíonn babhtaí dornála acu lena chéile, idir fhireann agus bhaineann, lena lapaí tosaigh. Is de bharr an nóis seo a thugtar giorriacha mire orthu. Tá dhá chineál giorriacha in Éirinn, an giorria Éireannach agus an giorria Eorpach. Fo-speiceas ar leith is ea an giorria Éireannach atá ar an oileán seo leis na mílte bliain. Tógadh isteach an giorria Eorpach sa 19ú haois i dtuaisceart Éireann ach nílid fairsing anois.

Cóipcheart: northeastwildlife.co.uk

Giorra Eorpach: *Brown Hare*

foclóir

fo-speiceas; *sub-species*	baineann; *female*
cúpláil; *mating*	
babhtaí dornála; *boxing bouts*	
fireann; *male*	

Creidiúint: Tony Mac an Fhailighigh

Pónaire chorraigh; *bog bean*

Tá an giorria Éireannach le fáil ar shléibhte, ar phortaigh agus ar thalamh féaraigh cois cósta maille le gnáthóga éagsúla eile. Maireann sé ar bharr talún ar feadh a shaoil murab ionann agus an coinín. Deineann sé nead dó féin mar áit fhoscaidh, go minic i dtortóg luachra. Siocair go bhfuil naimhde go leor aige, caithfidh radharc agus éisteacht sármhaith a bheith ag an ngiorria. Thart fán dteach anseo ag bun na Mucaise in iarthuaisceart Thír Chonaill tagann siad anuas ón bportach istoíche leis an lusra mín a ghráinseáil. Mo mhairg, níl drogall orthu coirt bhlasta na gcrann óg a chreimseáil ach an oiread.

Más é an giorria ainmhí an Mhárta, is í an tseamróg planda an Mhárta. Tá roinnt speiceas a aithnítear mar 'seamróg' go rialta ach is í an tseamair bhuí

---

tortóg luachra; *clump of rushes*
gráinseáil; *nibble*
coirt; *bark*
creimseáil; *gnaw*

seamair bhuí; *lesser trefoil*
gnáthóga; *habitats*

Creidiúint: Colm Mac an Fhailghigh

Aiteann: *Gorse*

(Trifoliium dubium) an ceann is coitianta. Deirtear gur úsáid Naomh Pádraig trí dhuille na seamróige le rúndiamhair na Tríonóide a mhíniú. Táthar den tuairim áfach nach í an tseamróg bheag bhídeach a d'úsáid sé ar chor ar bith, ach lus eile trí-dhuilleach, an báchrán nó an pónaire chorraigh *(Menyanthes trifoliata)*, atá i bhfad níos mó agus níos feiceálaí. Fásann an báchrán go flúirseach i locháin phortaigh agus bíonn sé faoi bhláth ó Bhealtaine go hlúil. Bláthanna feiceálacha áille bána atá aige.

Tá bóchna buí aitinn ag nochtadh ar chúl an tí cé nach bhfuil sé díreach i mbarr a réime go fóill. De threibh na bpiseanna é an t-aiteann - rud is léir ó na bláthanna agus na torthaí. Tá an t-aiteann Gaelach *(Ulex gallii)* agus an t-aiteann gallda *(Ulex europaeus)* anseo againn in Éirinn. An t-ór faoin aiteann,

Focl...

Bachrán; *Bog Bean*
aiteann; *furze, whin, gorse*
trí-dhuilleach; *trefoil*
piseanna; *peas*

feicim go leor acu ag déanamh sciuirdeanna faiteacha ón duibheagán deilgneach le blúiríní bia a ghoid ó mo bhord beathaithe. Tá meantáin, glasáin dharacha, ríthe rua, agus lasracha coille go rialta ann

Cóipcheart: northeastwildlife.co.uk

rí rua; *chaffinch*

an t-airgead faoin luachair agus an gorta faoin bhfraoch a deirtear. An t-aiteann gallda atá i gceist anseo is dócha mar go bhfásann sé ar thalamh measartha maith. Fásann an t-aiteann Gaelach ar fhraochmhánna agus ar mhóinteáin. Creid nó ná creid, agus a dheilgní is atá sé, bhaintí an t-aiteann mar ábhar bia do na hainmhithe tráth. Bhaintí san earrach é agus bhrúití é le smístí nó i muilte aitinn le dochar na ndealg a mhaolú. Is crua an t-adhmad é agus is maith an t-ábhar tine é fosta. Is iontach an foscadh é do mhionéanlaith chomh maith

fraochmhánna; *heathlands*
móinteáin; *moorlands*
smístí; *pounders*
luachair; *rushes*

fraoch; *heather*

Creidiúint: Colm Mac an Fhailighigh

Blaoscanna: broc (ar cúl) agus madra uisce; *Skulls: badger (rear) and otter*

agus feicim go leor acu ag déanamh sciuirdeanna faiteacha ón duibheagán deilgneach le blúiríní bia a ghoid ó mo bhord beathaithe. Tá meantáin, glasáin dharacha, ríthe rua, agus lasracha coille go rialta ann. Bainfidh mé anuas na piseanna talún go luath anois mar deirtear nach maith an beathú iad do na scailteáin nuair a bhéarfar iad. Ní mé an fíor é seo – ach ar eagla na heagla!

foclóir

meantán; *tit*	scáilteán; *hatchling*
glasán darach; *greenfinch*	sciuirdeanna faiteacha; *timid sorties*
rí rua; *chaffinch*	duibheagán deilgneach; *thorny dark depths*
lasair choille; *goldfinch*	piseanna talún; *peanuts*

Cóipcheart: northeastwildlife.co.uk

Ruán Beag; *small tortoiseshell butterfly*

Tá na broic ag éirí níos gníomhaí na laethanta seo; rud is léir ó na tóchta líonmhara sa pháirc agus faraor ó na coirp liatha atá sínte ar thaobh na mbóithre. Cé nach dtagann suan trom geimhridh orthu, caitheann siad go leor ama faoi thalamh sa mbrocach, slán ón doineann 's ón bhfuacht. Is i Mí an Mhárta a bheirtear na coileáin de ghnáth – 3 nó 4 cinn san ál. Ní thagann siad siúd aníos ar barr go mbíonn cúpla mí slán acu. Tá an broc gaolta leis an easóg, an cat

broc; *badger*
coileán; *pup*
ál; *litter*
easóg; *stoat*

tóchta; *grubbings / diggings*
brocach; *badger sett*

29

crainn, agus leis an madra uisce. Is de threibh na n-easóg (Mustelidae) iad uile agus is féidir an chosúlacht a aithint i mblaoscanna a gcloigne mar atá léirithe sa ghrianghraf. Broc (ar cúl) a maraíodh ar an mbóthar i gContae an Chláir agus madra uisce a fuaireas sínte ar an M4 atá iontu. Tá de cháil ar an mbroc go bhfuil greim láidir aige. Cruthú de seo is ea an cíor cnáimhe atá le feiscint ar bharr na blaoisce mar seo an áit a fhréamhaíonn matáin an ghéill íochtaraigh.

Cé gur aimsir fhliuch fhuar a bhí againn i rith an Mhárta don chuid is mó, lá breá grianmhar ag deireadh na míosa chonac mo chéad fhéileacán i mbliana. Ruán beag, ceann dár bhféileacáin is dathúla agus is coitianta a bhí ann. Déanann sé suan geimhridh i dtithe agus i mbothán go minic. Feictear ag eitilt é ó Mhárta go Deireadh Fómhair, agus san earrach is minic é thart ar chairn aoiligh agus dabhcha sciodair ag ól an leachta. Sin iad na háiteanna freisin a fhásann neantóga agus is í an neantóg lus chothaithe bhoilb an ruáin bhig. Níos faide anonn sa bhliain is féidir líonta síoda a aimsiú ar dhuilleoga na neantóige ina bhfuil grúpaí bolb le fáil i bhfolach iontu.

Tá an duilliúr amuigh ar an gcnó capaill i mBaile Átha Cliath. Ar ndóigh ní crann dúchasach é seo in Éirinn ach tagann ó chríocha i bhfad ó dheas. Cé go bhfuil caitíní ar go leor dár gcrainn dhúchasacha cheana féin, is beag duilliúr atá le feiscint orthu go fóill. Is dócha go bhfuil ciall cheannaithe acu seo thar na mílte bliain ó dhoineann agus anfa gaoithe a scriosfadh duilliúr leochaileach luath.

Is gairid anois go mbeidh fánaithe an tsamhraidh ag filleadh orainn arís. Cé go raibh tuairisc ar fháinleog aonarach amháin i rith an Mhárta, is i Mí Aibreáin a thagann siad go tiubh, agus níos faide amuigh san Aibreán beimid ag tnúth le glaoch na cuaiche chomh maith. Tá mí shuimiúil eile romhainn amach más ea ach súil chirce a chur orainn féin.

focl óir

cat crainn; *pine marten*
madra uisce; *otter*
ruán beag; *small tortoiseshell*
dabhach sciodair; *slurry tank*

bolb; *caterpillar*
greim láidir; *strong bite*
cíor cnáimhe; *crest of bone*
cnó capaill; *horse chestnut*

Aibreán
AN tEARRACH

Chonaic mé mo chéad fháinleog ar an 9ú Aibreán ar chnoc Bhinn Éadair. Éan aonarach a bhí ann. Ní aithneofá air go raibh aistear na mílte míle curtha de le roinnt laethanta anuas bhí sé chomh lúthmhar aclaí sin, ag ropadh agus ag casadh os cionn an aitinn. Caitheann fáinleoga na hÉireann an geimhreadh san Afraic Theas. Taistealaíonn siad 200 míle in aghaidh an lae faoi luas 20 míle san uair ar a dturas ó thuaidh. Tháinig mé ar cheann i móinéar uair amháin a bhí i bhfostú sa bhféar ard. Tá na cosa beag agus lag agus ní raibh cumas air éirí ón talamh arís. Nuair a phiocas suas é d'airíos go raibh seadán go leor ag sníomh trí na cleití – fíneoga dearga. Chaitheas san aer é agus ghluais sé leis gan stró.

Fáinleog; *swallow*

Cóipcheart: northeastwildlife.co.uk

fáinleog; *swallow*
móinéar; *meadow*
seadán; *parasite*
fíneoga dearga; *red mites*

ag sníomh trí; *winding through*

> Tá trí éan eile den treibh chéanna a thagann chugainn ón Afraic gach samhradh. Sár-eitleoirí iad uile a mhaireann ar fheithidí a ghabhann siad san aer

Cóipcheart: northeastwildlife.co.uk

Gabhlán gainimh; *sand martin*

Cóipcheart: northeastwildlife.co.uk

Gabhlán binne; *house martin*

Tá trí éan eile den treibh chéanna a thagann chugainn ón Afraic gach samhradh. Sár-eitleoirí iad uile a mhaireann ar fheithidí a ghabhann siad san aer. Is é an gabhlán gainimh an ball is lú den treibh seo. Filleann sé orainn san am céanna leis an bhfáinleog nó ábhairín beag níos luaithe. Neadaíonn sé i bpoll a thochlaíonn sé i mbruacha gainimh nó gairbhéil. Tá an gabhlán binne ar an tríú ball agus chonac go tiubh thart fá Loch Rí iad faoi lár na míosa. Neadaíonn an gabhlán seo faoi sceimhleacha tithe i nead láibe agus is minic comhrac idir é féin agus an gealbhan binne i dtaca le teideal na neadacha.

---

gabhlán gainimh; *sand martin*
gabhlán binne; *house martin*
sceimheal; *eave*
gealbhan binne; *house sparrow*

Gabhlán gaoithe; *swift*

Cóipcheart: northeastwildlife.co.uk

Is é an gabhlán gaoithe an ball is iontaí de threibh na ngabhlán, agus is é an ceann is gairide againn. Ní thagann sé chugainn go deireadh na míosa agus ní fhanann ach fada go leor lena ál a thógáil. Caitheann siad beagnach a saol go léir san aer (os cionn 20 bliain scaití), cé is moite den seal sa nead. Nuair a fhágann an t-éan óg an nead an chéad uair riamh caithfidh sé eitilt. Ní bhfaighidh sé an dara seans mar má thiteann sé go talamh ní féidir leis éirí arís. Cúpla lá i ndiaidh an nead a fhágáil, crochann siad leo i dtreo na hAfraice agus ní thuirlingeoidh siad go bhfilleann siad ceithre nó cúig bliana dár gcionn (má mhaireann siad) le neadú iad féin. Tá an gabhlán gaoithe chomh cumasach sin san aer go fiú 's go gcodlaíonn sé thuas ann.

foclóir

gabhlán gaoithe; *swift*
ál; *clutch*
crochann siad leo; *they take off*
le neadú; *to nest*

34

Chonacthas ráth cránacha dubha amuigh ó chósta Chorcaí ag tús an Aibreáin. Ba é seo an chéad tuairisc ar na míolta móra seo i mbliana. Bíonn dornán acu timpeall an chósta gach bliain. Tá cur síos ag Muiris Ó Súilleabháin sa leabhar Fiche Bliain ag Fás ar mhíol mór a tháinig taobh leis an naomhóg agus iad ag filleadh ar an mBlascaod ón Tiaracht. Gach seans ón gcur síos a thugann sé gur chráin dhubh a bhí ann agus a thionlacan iad gur bhaineadar talamh amach.

Cé go raibh an mhí fuar go leor, chonaic mé mo chéad bheach ar an 5ú lá. Bumbóg a bhí ann. Cé go bhfuil na céadta speiceas de bhumbóg ann, níl ach leathdhosaen cineálacha éagsúla againn anseo atá coitianta go maith. Is í an chráinbheach a thagann amach ar dtús san earrach. Ar thóir pailine agus neachtair atá sí lena madraí bána a chothú sa chuasnóg. Oibrithe a bheidh sa chéad ál. Níl cealg ar bith acu seo cé go bhfuil ag an gcráinbheach agus an ladrann (an bheach fhireann) a bheirtear níos déanaí sa samhradh. Gheobhaidh na bumbóga uile bás le chéad sioc an fhómhair, ach amháin na cráinbheacha úra a chuirfidh an geimhreadh thart faoi shuan agus a thosóidh an ghlúin úr an bhliain dár gcionn.

Le linn dom bheith ag fútráil sa tseid thángas ar dhamhán alla mór ag fuireach i gcúinne. Damhán mór tí *(Tegenaria gigantea)* a bhí ann agus é beagnach leithead do bhoise. Chuireas i gcrúiscín é le grianghraf a thógaint de. Is furasta an ceann seo a aithint óna mhéad agus ón gculaith bhreá riabhach atá air. Cé go gcuireann damháin alla sceon ar mhórán daoine, ní baol ar bith dúinne aon cheann a fhaightear anseo in Éirinn. Sealgairí cumasacha atá iontu ach is féidir leo maireachtaint ar feadh tréimhsí troscaidh an-fhada. Tabhair faoi deara go bhfuil ceithre phéire cosa ag an damhán alla san áit nach bhfuil ach trí phéire ag feithidí a leithéid na bombóige agus an bhóín Dé. Seo rann beag a chum mé agus a léiríonn saintréithe na feithide deireanaí seo:

ráth; *pod*	cuasnóg; *wild bee nest*
cráin dhubh; *orca*	ladrann; *drone*
cráinbheach; *queen bee*	damhán mór tí ; *giant house spider*
madraí bána; *grubs*	bóín Dé; *ladybird*

Bóin Dé; *ladybird*

Cóipcheart: northeastwildlife.co.uk

"

Sníomhaí snámhaí i mo chónaí faoin gclaí

Tigh beag duilliúr le mo choinneáil teolaí

Dhá adharca dubha 's cóta flannbhuí

Trí phéire cosa 's mé breac le spotaí

Má bheireann tú orm aithneoidh tú mé

'Sé an t-ainm atá orm ná an Bhóín Dé

"

Ar mo shíorthaisteal dom ó iarthuaisceart Thír Chonaill go Baile Átha Cliath, feictear dom go bhfuil an tEarrach beagnach coicís chun cinn ó dheas. Bhí caitíní bogbhuí na sailí agus bláthanna glégheala bána an draighneáin go flúirseach i ndíoga na bpáirceanna ó dheas san am go raibh dreach mílítheach an gheimhridh fós i réim ó thuaidh. Faoi dheireadh na míosa bhí bláir bhuí thaibhseacha na bpáirceanna ráibe le feiscint i gContaetha Muineacháin agus Lú. Saothróg den tornapa fiáin atá sa ráib agus is de threibh an chabáiste

Foclóir

draighneán; *blackthorn*
ráib; *rape (seed)*
saothróg; *cultivar*
caitíní bogbhuí; *soft yellow catkins*

saileach; *willow*

é. Barr tábhachtach eile sa cheantar céanna is ea an grán buí, agus tá na sraitheanna plaistigh faoi réir sna páirceanna cheana féin faoina choinne.

Tráthnóna aoibhinn ag deireadh na míosa, agus mé ag filleadh ó obair, thugas sciurd isteach ag Abhainn Challabair gar do Pháirc Náisiúnta Ghleann Bheatha. Bhíos fós in éide na hoifige ach bhí an portach chomh tirim sin gurbh éasca siúl isteach. Tá scairdeanna go leor ar chuid seo na habhann le carraigeacha arda fá na bruacha, agus is cosúil le garraí rúnda an áit. Bhí coinnle corra, sailchuacha, lus na gaoithe agus sabhaircíní faoi bhláth go fras ann. Dála an scéil, tá dhá shaghas blátha ag an sabhaircín; ceann amháin ina bhfuil na staiminí le feiceáil ag béal an bhlátha (tamhan-súileach),

Creidiúnt: Colm Mac an Fhailghigh

coinnlí corra; *bluebells*

grán buí; *maize*
scairdeanna; *cascades*
coinnle corra; *bluebells*
sailchuach; *violet*

lus na gaoithe; *wood anemone*
sabhaircín; *primrose*
tamhan-súileach; *thrum-eyed*

agus ceann eile ina bhfuil an stíl amháin le feiceáil (bior-shúileach).

Deir an seanfhocal gur cheart tuileamaí na habhann a bhraith go maith sara dtéir ann, ach níor bhaol dom an tráthnóna sin mar bhí an grinneall triomaithe go maith.

Bhaineas díom mo bhróga agus chuas ag lapadaíl féachaint an dtiocfainn ar aon sníomhaí snámhaí suimiúil faoi na clocha. Labhraímis orthu siúd uair éigin eile amach anseo nuair a bheidh an t-uisce téite ag grian ard an tsamhraidh.

Creidiúint: Tony Mac an Fhailghigh

Sabhaircín; primrose

stíl; *style*

tuileamaí; *currents*

sníomhaí snámhaí; *creepy crawley*

bior-shúileach; *pin-eyed*

grinneall; *riverbed*

Bealtaine
AN SAMHRADH

Caithfidh gurb í mí na Bealtaine an mhí is ansa liom féin. Tá aoibhneas fós le baint as úire an fhásra agus tnúthán an tsamhraidh fós le teacht. Is í an sceach gheal sainchomhartha na Bealtaine i mo thuairim. D'úsáidtí í i gceiliúradh Lá Bealtaine, agus chreidtí go raibh draíocht ag baint léi. Faoi lár na míosa bhí fálta Mhuineacháin agus an Chabháin mar a bheadh lása bán Charraig Machaire Rois crochta thar na droimníní. Bhí an tuath ar maos i gcumhra tiubh bhláthanna bána na sceiche. Má bhí uachtar bán ar na fálta ag an sceach gheal, bhí naprún bán fána mbun ag bláthanna pheirsil na bó (Anthriscus sylvestris).

Creidiúint: Tony Mac an Fhailghigh

Sceach gheal; hawthorn

sceach gheal; *whitethorn*
droimíní; *drumlins*
peirsil na bó; *cow parsley*
sainchomhartha; *distinctive mark*

40

Cóipcheart: northeostwildlife.co.uk

gabha uisce; *dipper*

Tá an chuach ar cheann dár n-imircigh samhraidh is déanaí a thagann. Bhí sí fán Fhál Carrach in iarthuaisceart na tíre faoin 5ú lá den mhí. Tá a fhios ag cách go mbeireann an chuach a hubh i nead éin eile agus a luaithe agus a shaolaítear an chuach óg go gcartann sí idir uibheacha agus scaltáin eile amach as an nead. Is minicí a aimsíonn an chuach nead riabhóg mhóna, donnóige, nó ceolaire giolcaí mar leaba luí seoil dá síofra marfach. Is dá bharr sin a thugtar giolla nó banaltra na cuaiche ar an riabhóg chomh maith. Níl an chuach chomh flúirseach anois agus a bhíodh. N'fheadar éinne cad is cúis leis ach seans go mbaineann sé le scriosadh gnáthóige agus teirce na n-éan a mbraitheann an chuach orthu lena gearrcaigh a thógaint.

riabhóg mhóna; *meadow pipit*
donnóg hedge; *sparrow*
ceolaire giolcaí; *reed warbler*
gabha uisce; *dipper*

caonach; *moss*

Tá gabha uisce ag neadú ar charraig mhór i scairdeán na habhann ag bun an gharraí againn. Nead chruinn, cumtha de chaonach atá ann, beagnach chomh mór le peil agus an bealach isteach folaithe ag fallaing fhéir. Tá sean-nead eile lena hais agus is léir gur úsáideadh an suíomh seo cheana. Tá go leor neadacha den ghabha uisce feicthe agam faoi bhun na ndroichead cloiche ar na srutháin ach ní fhaca ceann riamh a bhí chomh hoscailte leis an gceann seo. Níl scannán ar bith ar ladhracha an ghabha uisce agus níl aon snámh ceart aige. Bíonn sé ag siúl faoin uisce, ceann crom agus é ar nós ding sa sruth le go gcoinneodh brú an uisce thíos é. Maireann sé ar na feithidí uisce, nimfeacha na cuile Bealtaine, an chuil chloch agus an chuil chadáin san áireamh.

Cóipcheart: northeastwildlife.co.uk

Cuil chadháin; caddis fly

ding; *wedge*
nimfeacha; *nymphs*
cuil bhealtaine; *mayfly*
cuil chadáin; *caddis fly*

fallaing fhéir; *mantle of grass*
scannán ar ladhracha; *webbed toes*

Cóipcheart: northeastwildlife.co.uk

Cuach; *cuckoo*

Cé go maireann nimfeacha na gcuileanna seo san uisce ar feadh bliain nó dhó, éiríonn na cuileanna fásta aníos san aer. Tá clú agus cáil ar an gcuil Bhealtaine mar is i rith bhiaiste na cuile seo a ndeineann slatiascairí slad ar bhric. Maireann an bhiaiste ar feadh na Bealtaine, ach in uiscí áirithe bíonn cuileanna ag tosú ag eitilt amuigh i Mí an Mheithimh. Bhí neart cuileanna ann i mbliana cé go raibh na bric gann go leor. Mí thirim a bhí ann agus chuir leibhéal íseal uisce na n-aibhneacha isteach ar iascairí.

Chaith mé féin, mo dheartháireacha agus cara linn cúpla lá ag iascaireacht in Oileán Acla ag deireadh chéad seachtain na míosa. Lainseálamar ár mbáidín ó chéibh an Phoirtín áit ar dúradh linn go raibh roinnt liamhán gréine (ainmhí na seolta) thart cheana féin. Bhí an uain go haoibhinn agus chaitheamar seal taobh thiar d'Inis Ghiluaine, díreach cúpla céad slat amach ón gcladach. Fuaireamar dornán pollóg agus glasán, ballach amháin agus neart ronnach. Bhí na ronnaigh ag ráthaíocht ar bharr an uisce. Nuair a thugamar eite droma

---

liamhán gréine; basking shark
pollóg; pollock
glasán; coalfish
ballach; wrasse

ronnach; mackerel
ráthaíocht; shoaling
eite droma; dorsal fin

" Bhíomar go léir in amhras faoi aithint an tsiorca seo mar nár chualamar riamh agus nár chreideamar go raibh gluaiseacht agus **luas dá** leithéid seo ag an liamhán gréine. "

Creidiúint: Mícheál Mac an Fhailghigh

liamhán gréine: *Basking Shark*

agus eite eireabaill faoi ndear san uisce caoga troigh uain bhíomar cinnte gur liamhán a bhí ann. Thomhaiseamar é a bheith ar aon fhad leis an mbád, 17 troigh. Bhíomar á fhaire go ndeachaigh sé síos agus cheapamar gur sin deireadh. Ach cúpla soicind dár gcionn phléasc an siorc amach as an uisce. Bhí an oiread sin gluaiseachta faoi gur ghlan sé ón uisce go hiomlán. Rinne an cleas céanna ceithre huaire. B'iontach ar fad an radharc é. Tháinig sé thart ar an mbád níos déanaí agus chaith seal ag máinneáil timpeall go ciúin.

Bhíomar go léir in amhras faoi aithint an tsiorca seo mar nár chualamar riamh agus nár chreideamar go raibh gluaiseacht agus luas dá leithéid seo ag an liamhán gréine. Roinnt seachtainí ina dhiaidh sin áfach thángas ar alt in iris fiadhúlra agus luadh nós seo an liamháin bheith ag léimt nó ag búisteáil, go háirithe sa séasúr póraithe. Tuairiscíodh ann gur chuir liamhán báid iascaireachta go tóin in Inbhear Chluaidh nuair a léim sé uirthi agus gur bádh triúr! B'fhearr go mór fanúint amach uaidh agus an gheáitsíocht seo ar siúl aige!

Bhí Mí na Bealtaine an-tirim agus chonaic mé na sluaite amuigh ar na portaigh i Maigh Eo agus i dTír Chonaill. Táim ag déanamh go bhfuil costas an ola ag cur daoine ar ais ag an móin agus ag cur tuilleadh brú ar phortaigh. Cé go mbíodh portaigh forleathan in Éirinn (agus tá fós i gceantair an iarthair ach go háirithe), tá níos mó ná 80% dá n-achar roimhe seo caillte anois. Ní hionann stair agus déanamh gach portach, ach tá fás na mílte bliain iontu uile. Is ó lochanna tanaí, a líonadh le fásra a tháinig portaigh mhóra lár-tíre (na portaigh chrochta). Bhí baint nach beag ag na daoine a tháinig chun an oileáin seo ar dtús i gcruthú an chineál eile portaigh, na bratphortaigh. Tá fianaise na bhforaoiseacha a bhí ann roimh na portaigh seo agus a scriosadh, fós le feiscint sna grágáin ghiúise atá coitianta sna sraitheanna íochtaracha móna. Mura gcuirimid straitéis chaomhnaithe éifeachtach ar bun láithreach ní fada eile a bheidh na seoda nádúrtha seo againn.

portach crochta; *raised bog*
bratphortach; *blanket bog*
grágáin ghiúise; *pine stumps*
máinneáil; *hanging around*

fiadhúlra; *wildlife*
búisteáil; *breaching*
straitéis chaomhnaithe; *conservation strategy*

Chonac lóma mór feistithe i gclúmh breac an tsamhraidh thíos ar Bhá Bhaile an Easa. Seo Loon Mheiriceá (éan an scannáin 'On Golden Pond') agus cuairteoir leamh geimhridh anseo é de ghnáth. Fanann corrcheann linn thar samhradh ach ní phóraíonn siad anseo.

Thángas ar dhaol mór ar an bportach ag bun na Mucaise. Bhí sé mar a bheadh deilbhín cré-umha ann. Chuireas i mbosca mo spéaclaí é agus thógas abhaile liom é. Tá áis iontach idirlín **(http://www.habitas.org.uk/groundbeetles/)** le chuile eolas ar dhaoil na hÉireann más suim leat a leithéid sin ruda! *Blethsia multipunctata* a bhí air dála an scéil, agus é ar cheann de na daoil is luaithe a thagann amach san Earrach.

Faoin 21ú lá chonac cornaí móra sadhlais sna páirceanna i Muineachán agus Tír Eoghain, cé gur thosaigh an lomadh níos déanaí i dTír Chonaill. *Seo linn an samhradh!*

Creidiúint: USFWS

Lóma mór; *great northern diver*

lóma mór; *great northern diver*
daol; *ground beeetle*
cornaí sadhlais; *silage bales*
deilbhín cré-umha; *bronze statuette*

Meitheamh
AN SAMHRADH

Tá an trom feiceálach sna fálta an tráth seo bliana. Bíonn na bláthanna bána iompartha i ndioscaí atá thart ar ocht n-órlaí ar leithead. Feithidí a phailníonn bláthanna an troim agus amach sa bhfómhar is bia tábhachtach dos na héin iad na caora dúchorcra. D'ití na caora sna meánaoiseanna i mBaile Átha Cliath, ach is le fíon a dhéanamh is mó a bhaintear anois iad. Tá fíonta breátha le fáil ó bhláthanna agus chaora an troim araon. Ar ndóigh tá go leor geise agus leighis ag baint leis an dtrom chomh maith. Nach ndeirtí gur chroch Iúdás é féin de, cé gur deacair é sin a chreidiúint agus chomh lag is atá na craobhacha lena laíon bog. Nuair a bhíomar óg, ba bhreá linn caora an troim a bhailiú mar armlón dár sliotáin irise. D'fhágaidís marc dearg nuair a theilgtí mar urchair iad. Ní mó ná sásta a bhíodh mo mháthair nuair a d'fheiceadh sí an balla breac le spotaí dearga.

Creidiúint: Tony Mac an Fhailighigh

Nóinín mór; *oxeye daisy*

Foclóir

trom; *elder*	geas; *taboo*
laíon; *pith*	
sliotáin irise; *catapults*	
pailníonn; *pollinate*	

Creidiúint: Tony Mac an Fhailghigh

Diúilicín riabhach; *zebra mussel*

Faoi thús na míosa bhí nóiníní móra *(Leucanthemum vulgare)* go spleodrach fá bhruacha na mbóithre. Bláth atá coitianta i móinéir is ea an nóinín mór agus fásann sé go réidh i bpáirceanna tirime. Oireann bruacha dea-dhraenáilte na mbóthar dó. Cuireann An tÚdarás um Bóithre Náisiúnta meascán síolta ar bhruacha nuathógtha le cumann nádúrtha plandaí a bhunú ar na gnáthóga éagsúla seo. Tá sé tábhachtach go mbailítear na síolta seo ó fhoinsí dúchasacha agus go seachnaítear plandaí coimhthíocha.

Le blianta anuas tá tuiscint á fáil againn ar na fadhbanna is féidir a chothú trí speicis choimhthíocha a thabhairt isteach. I gceist anseo tá idir phlandaí agus ainmhithe nach bhfuil dúchasach anseo ach a n-éiríonn leo teacht isteach (go minic á mbreith isteach ag daoine dá lochán nó dá ngarraithe) agus bunú inár ngnáthóga. Is minic iad gan aon naimhde ná galair anseo lena gcoinneail faoi smacht agus, má oireann an timpeallacht dóibh, scaipeann siad go

nóinín mór; *oxeye daisy*
speicis coimhthíocha; *alien species*
cumann nádúrtha; *natural community*
lochán; *ponds*

tubaisteach. Bagairt ollmhór dár bhflóra agus dár bhfauna dúchasach is ea iad. Ar na cásanna is míchlúití le roinnt blianta anuas tá an diúilicín riabhach *(Dreissena polymorpha)*, sliogéisc atá anois ar fud lochanna na tíre, agus an líobhógach Afracach *(Lagarosiphon major)*, planda atá ag déanamh scriosta ar Loch Coiribe faoi láthair. Níl anseo ach cúpla sampla ach is liosta le háireamh iad na plandaí agus na hainmhithe andúchasacha atá anseo in Éirinn cheana nó i mbaol teacht.

I rith na míosa tháinig méadú ar líon na n-íospartach tionóisc bhóthair, an ghráinneog ina measc. Tá an ghráinneog coitianta go leor sa tír, ach siocair gur ainmhí oíche é is minicí a chuireann daoine an chéad aithne air mar chorp sínte ar leac an bhóthair. Maraítear na mílte díobh mar seo. Ní féidir í a dhearmad

Hedgehog; *gráinneog*

Cóipcheart: *northeastwildlife.co.uk*

Foclóir

diúilicín riabhach; *zebra mussel*	sliogéisc; *shellfish*
líobhógach Afracach; *curly leaved pond weed*	andúchasach; *non-native*
is míchlúití; *most infamous*	gráinneog; *hedgehog*

Tá mo charraig mhín leathan agam féin ag taobh an easa ag bun an gharrai, agus is aoibhinn liom seal a chaitheamh sínte ar leac mo dhroma uirthi, ag éisteacht le glór an easa agus ag faire.

Creidiúint: Tony Mac an Fhailighigh

lena feisteas deilgneach. Ainmhí álainn is ea é a mhaireann go haonarach don chuid is mó. Bíonn sé gníomhach ach go háirithe tar éis báistí nuair a bhíonn flúirse seilmidí agus drúchtíní thart. Iad seo agus feithidí, cuiteoga, agus daoil is mó a itheann siad ach ní bhíonn drogall orthu torthaí agus éin óga a ithe ach oiread. Níl an radharc go maith aige ach tá scoth na héisteachta agus na bolaíochta aige.

Aon uair amháin tháinig gráinneog aníos draein an chlóis ag cúl an tí. Choinníomar i gcliabh ar feadh tamaill í sular scaoileamar amach í. Ar dtús rinne sí burla di féin ach ní fada gur scaoil sí í féin amach agus ba bhreá éasca a láimhseáil. Rinne sí cleas a luaitear leis an ngráinneog ar a dtugtar féin-ungadh. Thosaigh sí ag cogaint adhmad an chléibh agus ag priosláil go raibh cúr trom fána soc. Ansin lúb sí thart agus chaith an tseile ar fud a droma. N'fheadar éinne go beacht cad ina thaobh a ndeineann siad é seo cé go bhfuil tuairimí go leor ann. B'fhéidir go bhfuil baint aige le fáil réidh le seadáin mar bhí go leor fíneoga dearga i measc na ndealg aici. Cloisim anois go bhfuil sé de nós ag daoine gráinneoga a choinneáil mar pheataí. Gráinneog bheag na hAfraice atá i gceist agus deirtear gur sárpheataí iad. Bíodh a fhios agat go bhfuil cosaint dlí ag an ngráinneog s'againne anois agus níl cead iad a thógaint. Chuala go n-itheadh tincéirí gráinneoga uair amháin agus gur bhéile blasta a bhí iontu!

Tá mo charraig mhín leathan agam féin ag taobh an easa ag bun an gharraí, agus is aoibhinn liom seal a chaitheamh sínte ar leac mo dhroma uirthi, ag éisteacht le glór an easa agus ag faire. Tráthnóna ciúin grianmhar i lár an Mheithimh chonac giorria sa pháirc ar an dtaobh thall den abhainn agus sodar faoi. Thug sé fogha faoi fheannóg a bhí ar an talamh agus chuir san aer é. Chas agus thug faoin dara feannóg gur chuir an ruaig air san chomh maith. Bhí an chéad éan tuirlingthe um an dtaca seo agus siúd leis an ngiorria arís faoi. Lean an bhabhtáil seo ar feadh roinnt nóiméad agus táim ag déanamh go raibh an

cuiteoga; *earthworms*
priosláil; *frothing at the mouth*
feannóg; *grey crow*
seilmidí; *snails*

drúchtíní; *slugs*
bolaíocht; *sense of smell*
burla; *round bundle*
féin-ungadh; *self-annointing*

Cóipcheart: northeastwildlife.co.uk

Bláthanna an Troim; *Elder Flowers*

Cóipcheart: northeastwildlife.co.uk

Caora an Troim; *Elder Berries*

giorria ag iarraidh patachán óg a bhí i bhfolach in aice láimhe a chosaint ó na feannóga. Chuir na míoltógaí an ruaig ormsa agus b'éigean dom an teach a bhaint amach le faoiseamh a fháil.

Cuireadh iontas orm agus mé i bPáirc Naoimh Áine i mBaile Átha Cliath i lár na míosa. Siúd sa chlapsholas istigh faoi na daracha toilme chonaic fungas geal ag péacadh as blár donn na nduilliúr lofa. Bhíos go mór in amhras faoin gceann seo agus comharthaí sóirt ceann de na fungais nimhiúla *(Amanita)* air. Bheadh sé luath go leor dá leithéid a bhíonn le fáil sa bhfómhar ach go háirithe. Mura bhfuil saineolas cruinn ag daoine ar bheacáin agus fungais ba cheart gan aon chall a bheith acu leo. D'fhágas mar a fuaireas é!

Agairg na gcuileanna; *Fly agaric*

Cóipcheart: northeastwildlife.co.uk

patachán; *leveret*	comharthaí sóirt; *identifying feature*
míoltógaí; *midges*	
daracha toilme; *holm oaks*	
beacáin; *toadstools*	

Iúil
AN SAMHRADH

Dialann Dúlra

Iúil

hí blátha na mbóithríní go hálainn ag tús Mhí Iúil agus uain againn sult a bhaint astu sular thosaigh an díle bháistí níos déanaí sa mhí. Bhí gléghoirme na bpeasairí agus buí na bhfearbán measctha leis na seamra bána agus dearga le bruacha ildaite a shíneadh romham ar mo spaisteoireacht dom. Ar cheann de na turais seo tháinig mé ar lochán beag ina raibh torbáin. Chuir sé iontas orm a dhéanaí is a bhíodar agus gan acu go fóill ach na cosa deiridh! Tá an loscán le fáil ar fud na hÉireann, agus i ngnáthóga de gach saghas. Is cuma leo cén sórt lochán nó linn ina bpóraíonn siad. Is minic a fheictear na heochraí ag triomú i logáin ar chosán sléibhe nó foraoise tar éis don bheagán uisce a bhí iontu a dhísciú. Cé go bhfuilid coitianta go fóill táid faoi bhrú ag draenáil agus ag truailliú.

'peasairí, fearbáin agus seamra bána; *vetches, buttercups and white clovers*

Creidiúint: Tony Mac an Fhailghigh

lochlóir

peasairí; *vetches*	torbáin; *tadpoles*
fearbán; *buttercup*	loscán; *frog*
amra bána agus dearga;	eochraí; *spawn*
white and red clovers	dísciú; *drying out*

Creidiúint: Colm Mac an Fhailghigh

breallaigh; *clams*

I lár na míosa chuaigh mé síos ag an gcladach le linn lán trá le breallaigh a bhaint. Sliogiasc is ea an breallach *(Mya arenaria)* a thaithíonn uachtar na trá ach go háirithe agus is maith leis gaineamh le meascán gairbhéil agus láibe. Bíonn sé chomh fada le troigh ar domhain sa ngaineamh, agus obair chrua sheasta atá ann le lán buicéid díobh a bhaint le láí (spád). Dath buí nó donn atá ar na sliogáin ach is féidir leo bheith dubh nuair a bhaintear ar dtús iad siocair cheal ocsagaine sa ngaineamh. Dosaen bliain a mhaireann an breallach de ghnáth ach is féidir leis maireachtaint a dhá oiread sin scaití. Tá naimhde go leor aige, an leadhbóg, portáin, an chailleach dhubh agus faoileáin ina measc. Is blasta an t-iasc iad nuair a bhruitear iad agus iad a ghléasadh le him nó le braoinín fíona ghil.

breallaigh; *clams*
leadhbóg; *flounder*
cailleach dhubh; *cormorant*
faoileáin; *gulls*

siocair cheal; *because of lack of*

Ós ag trácht ar bhia cladaigh muid, tá neart lusanna beadaí fán gcladach gur fiú a lua. Ceann acu is ea lus na gloine *(Salicornia)* atá go flúirseach ar riasca goirt Mhachaire Rabhartaigh. Lus íseal le duillí gainneacha atá ann, arae cheapfá nach raibh duillí ar bith ann. Tugtar 'samphire' air sa Bhéarla agus itear é tar éis a ghallaithe agus a bhealú le him. Tá blas asparagais air agus is tionlacan deas é do bhia mara ar bith.

Tá sliogéisc ann a mhaireann in aibhneacha fíoruisce chomh maith. Ceann acu is ea an diúilicín péarla fionnuisce *(Margaritifera margaritifera)*. Creid nó ná creid tá seo ar an ainmhí is faide saoil in Éirinn mar is minic céad agus dhá scór bliain slánaithe ag na cinn is mó a bhíonn thart ar 15cm ar fhad. Cé go mbíodh an t-ainmhí seo fairsing agus líonmhar in aibhneacha na tíre, táid anois faoi bhrú marfach agus chuile sheans go mbeidh deireadh ar fad leo sa chéad ghlúin eile. Fós féin tá breis agus 12 milliún den ainmhí seo beo sa tír; san

Creidiúint: Tony Mac an Fhailighigh

Lus na gloine; *Samphire*

---

beadaí; *tasty*
lus na gloine; *samphire*
diúilicín péarla fionnuisce;
freshwater pearl mussel

riasca goirt; *salt marshes*
duillí gainneacha; *scaly leaves*

Creidiúint: E. Moorkens

Diúilicín péarla fionnuisce; *freshwater pearl mussel*

iarthar is mó. Seo 40% den a bhfuil fágtha díobh ar fud na hEorpa. Teastaíonn uisce ar ardchaighdeán uathu, uisce bog in aibhneacha gan mórán fiailí ná fás algaí, agus gan mórán siolta ar an ngrinneall. Tá saol aisteach go leor ag an diúilicín péarla mar go gcaitheann na larbhaí seal greamaithe de gheolbhaigh breac agus bradán sula dtiteann siad go grinneall agus lonnaíonn ar feadh 4 nó 5 de bhlianta i ngairbhéal glan na habhann. Seo an staid is leochailí dá saol agus le roinnt blianta anuas níl abhainn ar bith ann níos mó go bhfuil na larbhaí ag teacht slán ón ngairbhéal. Tá tréan-iarrachtaí á ndéanamh iad a chaomhnú anois trí roinnt aibhneacha a shlánú dóibh. Mar a thugtar le fios óna ainm, bíonn corr-phéarla fánach le fáil sa diúilicín seo ach go gcaithfí na mílte a mharú le teacht orthu! Tá dianchosaint á déanamh orthu anois áfach agus é glan in aghaidh an dlí cur isteach ná amach orthu. Nuair a rinne Caesar ionradh ar an mBreatain sa bhliain 55 RC, ar cheann de na cúiseanna a luaigh sé leis ná smacht a bheith aige ar thrádáil phéarlaí fionnuisce na hAlban. Ba é

---

geolbhaigh; *gills*
siolta; *silt*
larbhaí; *larvae*
is leochailí; *most vulnerable*

cóipcheart: northeastwildlife.co.uk

Seangán capaill; *Black ant*

an péarla fionnuisce, maille le hór, a bhí mar bhuntaca ag córas airgeadaíochta na Rómhánach. Tá rísheoda na hAlban breac le péarlaí fionnuisce.

Tráthnóna bog tais ag deireadh na míosa, mar a tharlaíonn gach bliain, bhí saithe seangán ar eitilt i spéartha Bhaile Átha Cliath. Is iad na sléibhíní agus, os a gcionn sin, na gabhláin ghaoithe a bhí ag déanamh craois orthu, a tharraing m'aird ar dtús. Ní thuigim conas is fiú dos na sléibhíní dul ar thóir creach chomh mion le seangán. Caithfidh gur blasta an greim iad. Cé go bhfuil thart ar fiche speiceas seangán in Éirinn, an seangán capaill *(Lasius niger)* a bhí iontu seo agus táid thar a bheith coitianta i ngarraithe na hardchathrach. Is é flúirse na léibheann leac lena ndúshraith ghainimh, gnáthóg is ansa leo, is cúis lena líon.

saithe; *swarm*
sléibhíní; *black headed gulls*
seangán capaill; *black ant*
léibheann leac; *paved terrace*

rísheoda; *royal jewels*
dúshraith; *foundation*

Creidiúint: E. Dempsey

Crosáin; *Razorbills*

Saithí cúplála atá sna saithí seo. Is lú go mór na seangáin fhireanna ná na ceanna baineanna. Tar éis na cúplála tuirlingíonn na cráinseangáin agus caitheann díobh a sciatháin. Tosaíonn siad ar phruais a thochailt, áit a gcaithfidh siad an chuid eile dá saol. Is féidir leis an gcráinseangán maireachtaint ar feadh cúig bliana déag. Faigheann na seangáin fhireanna bás go luath tar éis cúplála. Níl cealg ag na seangáin, murab ionann agus beacha, ach spraeálann siad aigéad formach (an t-aigéad céanna le neantóga) a dhónn an craiceann.

Chuir mé féin agus cara liom amach chun farraige ó chéibh Bhaile Roiséir (gar do Ros Eo i dtuaisceart Bhaile Átha Cliath) agus thug faoi Oileán Reachrainn i mbáidín beag rubair i rith na míosa. Níl ann ach aistear 6km agus bhí an fharraige breá ciúin. Dhruideamar isteach i gcuas Saltpan faoi na haillte ar an dtaobh ó thuaidh den oileán. Bhí na mílte éan mara ag neadú os ár gcionn agus boladh láidir clós na gcearc ar an áit. Bhí treibh na bhfalcóg go flúirseach ann: crosáin, agus forachain don chuid is mó. De réir mar a theannamar isteach sa chuas d'éirigh an gleo os ár gcionn agus de thobainne thosaigh na héin ag scamhadh den aill ina múrtha agus ag tomadh isteach sa bhfarraige. Ba léir iad ag snámh thíos fúinn, ag úsáid a sciathán mar a bheidís ag eitilt faoi uisce. Chuala go mbíonn neart portán agus crosóg faoi bhun na n-aillte neadaithe, iad á gcothú ag uibheacha agus scalltáin a thiteann de na neadacha. Caithfidh mé mo snorcal a bhreith liom an chéad turas eile.

falcóg; *auk*
crosáin; *razorbills*
foracha; *guillemot*
crosóg; *starfish*

cráinseangán; *queen ant*
pruais seangán; *ants nest*
aigéad formach; *formic acid*

Lúnasa
AN FÓMHAR

Ar an mbealach abhaile ó cheolchoirm i nDún Lúiche chonaiceamar ceann cait ag eitilt trasna an bhealaigh mhóir isteach i gcoillearnach. Chuamar siar an chéad oíche eile féachaint an mbeadh aon seans é a fheiscint arís. Cé nach bhfacamar an ceann cait bhí créatúir eile na hoíche, ialtóga, go flúirseach ann ag scinneadh thart i measc na gcrann. Tá sean-teach tréigthe ann agus gach seans gur ann atá fara na n-ialtóg. Chonac fógra pleanála crochta ar chuaille ag críoch an tsuímh aoibhinn seo agus ní mé cad tá i ndán don gcoillearnach agus a bunadh sciathánach. De réir a chéile

Ceann cait; *Long-eared owl*

Creidiúnt: Anne Elliott

> *Chonaiceamar ceann cait ag eitilt trasna an bhealaigh mhóir isteach i gcoillearnach. Bhí créatúir eile na hoíche, ialtóga, go flúirseach ann*

foclóir

ceann cait; *long-eared owl*
ialtóga; *bats*
fara; *roost*
coillearnach; *woodland*

Creidiúint: Tony Mac an Fhailghigh

Gaiste leamhan; *Moth Trap*

a thógtar na caisleáin a deirtear, ach is de réir a chéile a ndéanaimid scrios ar an dtimpeallacht chomh maith. Is minic nach bhfeictear mórán fiúntais i gcoilleog bheag, ná i bpaiste beag eanaigh nó lochán bídeach. Seans gur fíor sin má bhreathnaítear orthu ina n-aonar, ach is mór a dtábhacht má smaoinítear ar na suíomhanna seo mar ghréasán gnáthóg atá ceangailte agus gur féidir leo tacú lena chéile – tearmann a sholáthar nuair a chuirtear cuid den ghréasán faoi bhrú nó coilínigh a sheoladh ag suíomhanna scriosta lena n-athbhunú. Is seoid luachmhar chuile cheann acu agus an JCB an namhaid is mó acu san aois seo.

Cheannaíos gléas aimsithe ialtóg i rith Mhí Lúnasa. Gléas beag leictreonach atá ann gur féidir leis glaonna éagsúla na n-ialtóg a aireachtáil ionas gur féidir iad a aithint óna chéile. Ní féidir le cluas an duine glao ard na n-ialtóg a chloisint agus

foclóir

eanach; *marsh*
gréasán; *network*
coilínigh; *colonists*
coilleog; *copse*

caithfimid dul i muinín an trealaimh speisialta seo. Tá timpeall ar deich gcineál éagsúla ialtóg againn in Éirinn agus is beag ceantair nach bhfuilid le fáil ann. Mí mhaith le hialtóga a fhaire is ea Lúnasa. Ar mo chéad sciuird le mo bhosca draíochta chuaigh mé go heastát Bhaile Chonaill, áit a bhfuil teach mór agus coill. Thángas ar dhá chineál ialtóg ann, an ialtóg fheascrach agus ialtóg Leisler.

Le linn dom bheith ag cuardach an bhrathadóra ialtóg ar an idirlíon, chonac gaistí leamhan ar díol ar luachanna móra (os cionn céad go leith euro). Chuas i mbun oibre agus thóg mé gaiste dom féin nár chosain ach thart ar €40. Tá patrúin go leor ar an idirlíon. Níl ann dáiríre ach bosca le cúpla comhlaí claonta peirspéacs ar barr agus spás beag eatarthu. Cuirtear solas UV os a gcionn siúd leis na leamhain a mhealladh. Oibríonn mar an gcéanna le pota gliomach – éasca dul isteach ach deacair éalú. I measc na leamhan a ghabhamar bhí an leamhan tíograch sa phictiúr. Liosta le háireamh is ea leamhain na hÉireann, ach is féidir éagsúlacht agus réimse na gcéadta leamhan atá le fáil a fheiscint ar an suíomh **www.skylark.ie/donegalmoths/**

Creidiúint: Tony Mac an Fhailghigh

Leamhan tíograch; *Tiger Moth*

Cóipcheart: northeastwildlife.co.uk

Ciaróg fholaigh; *Sexton beetle*

foclóir

ialtóg fheascrach; *pipistrelle bat*	**comhlaí claonta;** *slanted shutters*
gaistí leamhan; *moth traps*	
leamhan tíograch; *tiger moth*	
brathadóir ialtóg; *bat detector*	

Credit: Tony Mac an Fhailghigh

Nead traonaigh; *corncrake nest*

Ní hiad na leamhain amháin a mhealltar chun an tsolais. Bhí flúirse gach saghas feithide ann, ach ar na cinn is suntasaí bhí foichí seadánacha, beacha gabhair agus an chiaróg fholaigh nó an chiaróg ablaigh *(Necrophorus)*. Faigheann na ciaróga seo a n-ainm ón nós atá acu coirp ainmhithe agus éin bheaga a adhlacadh lena larbhaí a chothú. Glacann an ceann fireann agus an ceann baineann páirt san adhlacadh. Tochlaíonn siad faoi bhun an choirp go dtéann sé i dtalamh. Tá eitilt mhaith acu agus deirtear gur féidir leo conablach a bholú chomh fada le dhá mhíle ó láthair. Nuair atá an t-adhlacadh críochnaithe, beireann an ceann baineann uibheacha sa chré taobh leis an gcorp. Tagann na bráithre bána amach tar éis cúpla lá agus tugann na tuismitheoirí aire dóibh, rud is annamh i ndomhan na bhfeithidí.

foclóir

foichí seadánacha; *parasitic wasps*
beacha gabhair; *hover flies*
ciaróg fholaigh; *sexton beetle*
adhlacadh; *bury*

conablach; *carcass*

Traonach; *corncrake*

Creidiúint: E. Dempsey

Nuair a thosaíos ag teacht go Tír Chonaill i dtús báire, scór go leith bliain ó shin, an torann is suntasaí a chloistí ná glór an traonaigh, agus is ón nglór sin a fhaigheann sé a ainm Laidne, *Crex crex*. Ba é an Lúnasa ina bheatha dom é dáiríre. Cuairteoir samhraidh ón Aifric is ea an traonach. Déarfá gur iontas mór é seo má fhaca tú riamh ag eitilt é, mar eitleoir lag go leor é le sciatháin dhian-oibreacha agus cosa sraoilleacha ina dhiaidh.

Ar an talamh, ó Bhealtaine go Lúnasa, a neadaíonn an traonach i bhfásra ard agus go minic i móinéir. Ceithre lá i ndiaidh dóibh teacht amach tosaíonn an t-ál óg dá mbeathú féin, agus i gcionn míosa bíonn eitilt acu. De ghnáth bíonn

foclóir

traonach; *corncrake*
cosa sraoilleacha; *trailing legs*
fásra ard; *tall vegetation*
móinéir; *meadow*

Cóipcheart: northeastwildlife.co.uk

Bonnán Buí; *Bittern*

dhá ál sa bhliain ag an traonach. Os a choinne sin thit a líon go tubaisteach le céad bliain anuas ionas go bhfuilid anois i mbaol a ndíobhaidh ar fud an domhain. Tá corrchinn fhánacha fós ag baint an tsamhraidh amach i dtuilemhá na Sionainne, in iarthar Mhaigh Eo, agus i dtuaisceart Thír Chonaill. Áiríodh thart ar 150 fireannach ag glaoch i 2007. Is de bharr dianú feirmeoireachta atá an laghdú seo, go háirithe baint luath sa séasúr le saidhléis a dhéanamh agus meicniú i ndéanamh féir thirim. Baintear níos mó ná barr amháin sa bhliain ón bpáirc anois agus cha dtig leis an traonach ál a shlánú faoi na coinníollacha seo. Cé go bhfuil iarrachtaí ar bun faoi láthair an traonach a shábháil agus cleachtais fheirmeoireachta báúil don traonach a bhunú, tá todhchaí an traonaigh idir dhá cheann na meá faoi láthair.

foclóir

díobhadh; *extinction*
tuillemhá; *floodplain*
dianú; *intensification*
saidhléis; *silage*

meicniú; *mechanization*
báúil; *sympathetic*

Más éiginnte fáistine an traonaigh, tá éan clúiteach eile a bhí ina bhall lárnach de chultúr na tíre seo ach nár tháinig slán - an bonnán buí *(Botaurus stellaris)*. Éan de threibh na gcorr (Ardeidae) é an bonnán. Bhíodh sé fairsing in Éirinn tráth, ach de bharr géarleanúna agus dhraenáil na mbogach agus na n-eanach ruaigeadh as an tír é. Níor phóraigh sé anseo le céad go leith bliain anuas (ó thart ar 1840 - 1850) cé go bhfeictear corrcheann fánach ó am go chéile. Tá sé ábhairín níos lú ná an chorr réisc. Guth éagsúil agus suntasach atá ag an bhfireannach as a ainmnítear an t-éan. Tormáil a ndeineann sé a chuirtear i gcomparáid leis an mbonnán ceo é (fé mar a bheifeá ag séideadh thar bhéal scrogall buidéil fholaimh) agus is féidir é a chlos cúpla míle ó láthair. Clúmh riabhach, donn, buí nó crón atá aige agus brollach stríocach.

Eanaigh fairsinge giolcaí (corcach giolcaí) a thaithíonn sé, áit a mbíonn sé ar a choimhéad sna giolcacha. Bíonn drogall air eitilt nuair a thagtar air ach seasann go righin díreach, gob in airde agus mar sin a cheileann sé féin sna giolcacha lena chlúmh duaithníochta.

B'eol go raibh an bonnán ag marachtaint agus ag pórú i gceithre chontae dhéag ar a laghad ag tús na naoú haoise déag agus bhí sé thar a bheith coitianta i gcontaetha éagsúla, mar shampla Tír Chonaill. Maille le cailliúint gnáthóige, lámhachadh go tréan iad, agus tuairiscíodh iad fós a bheith ar díol ar mhargaidh Bhaile Átha Cliath agus in Inis an Chláir i lár an chéid sin. Tá an bonnán i gcontúirt ar fud na hEorpa faoi láthair agus a líon ag titim. Cé gur cailleadh é ar feadh tréimhse roinnt blianta, d'fhill an bonnán ar an mBreatain Mhór sa bhliain1911 agus le roinnt blianta anuas tá tearmainn éagsúla á mbainistiú dóibh i Sasana. Thart ar 70 fireannach a cóiríodh ag glaoch anuraidh (Lincolnshire agus Anglia Thoir). Cuairteoir tearc geimhridh dó anois in Éirinn don chuid is mó, ach d'fhéadfadh sé athlonnú anseo arís dá gcosnófaí ó scaoileadh é agus gnáthóga cuí a bheith ar fáil dó. Féach gur lámhachadh bonnán gar d'Inis Céithlinn i

foclóir

bonnán buí; bittern
eanach; *fenland*
tormáil; *rumbling*
riabhach; *brindled*

corcach giolcaí; *reed swamp*
clúmh duaithníochta; *camouflage plumage*
tearmainn; *sanctuaries*

Creidiúint: Tony Mac an Fhailighigh

Tuille in Abhainn Loch Achair; *Flood in Lough Agher River*

gContae Fhear Manach i 1975 agus chualathas ceann ag glaoch sa láthair chéanna an bhliain dár gcionn. Tá an-acmhainn sna portaigh lártíre atá á dtréigint ag Bord na Móna ó thaobh baint móna de faoi láthair. Mar shampla tá Loch Búra i gContae Uíbh Fhailí agus na mílte acra á gcur faoi uisce arís. Bheadh a leithéid an-oiriúnach ag an mbonnán le pórú ann.

Tá torthaí go leor ag aibiú anois, fiú in ainneoin na monsún a chuir an tír ar maos. Bhí duilleoga úra le feiscint ar roinnt crann duillsilteacha faoi dheireadh na míosa, an fhearnóg san áireamh. Fás Lúnasa nó athfhás a thugtar air seo agus is é an raidhse uisce a spreag é. Tá go leor bradán meallta ar ais sna haibhneacha ag na tuilte tréana le seilbh a ghlacadh ar na háthanna faoi réir an tséasúir sceite. Chuir na tuilte cosc sealadach ar shlatiascaireacht i go leor áiteanna agus thug deis dóibh éalú go lochanna agus uachtar na n-aibhneacha.

Táimid ag tnúth anois le samhradh beag leis an tír a thriomú agus barra a shlánú –seans ar bith meas tú?

foclóir

acmhainn; *potential*	raidhse; *abundance*
ar maos; *soaking, steeping*	
fearnóg; *alder*	
fás lúnasa, athfhás; *lammas growth*	

Meán Fómhair
AN FÓMHAR

Tá séasúr na dtorthaí buailte linn arís. Tá na sméara ag aibiú ar na driseacha agus ní fada go mbeidh cuid acu réidh le piocadh. Seo an mhí is fearr dóibh. I mo thuairim féin níl a sárú le fáil mar thoradh. Is deilgneach an tor í an dris, agus idir scríobadh agus dath na sméara ar lámha, bíonn cuma laoch ó mhachaire an áir ar lucht a bpioctha. Ach is maith is fiú an trioblóid é mar tá neart maitheasa iontu. Aithnítear anois go gcealaíonn na frithocsaídeoirí (antioxidants), atá freagrach as dath na sméire, drochthionchar rudaí ar a dtugtar saorfhréamhacha (free radicals) sa chorp. Tuairiscítear go gcabhraíonn siad le galar croí, ailse agus strócanna a sheachaint.

Ar na torthaí eile atá feiceálach sna fálta tá caora dearga na sceiche gile, caora cródhearga an chaorthainn, mogóirí na feirdhrise agus caora dúchorcra an troim. Thugaimis 'itchy backs' ar na mogóirí inár ngasúr mar nuair a scoiltí iad bhí ábhar guaireach laistigh a chaithimis síos léinte a chéile le tochas a

Creidiúnt: Tony Mac an Fhailghigh

Sméara dubha; *blackberries*

Creidiúnt: S. Downes

Caorthann; *Mountain ash*

foclóir

caorthann; *mountain ash*	**tor;** *bush*
mogóirí; *haws*	**laoch;** *warrior*
feirdhris; *dogrose*	**machaire an áir;** *field of slaughter*
driseacha; *briars*	**ábhar guaireach;** *hairy material*

Creidiúnt: Tony Mac an Fhailghigh

Sceach gheal; *hawthorn*

Creidiúnt: Tony Mac an Fhailghigh

Airní ar draighean; *sloes on blackthorn*

chur sa droim. Tá crobhaingí thorthaí na fuinseoige go flúirseach i mbliana, iad gealghlas ar dtús agus donn mar a aibíonn siad. Acmhainn thar a beith tábhachtach is ea na torthaí seo uile d'éanlaith na tíre ach go háirithe. Caithfidh éin óga, agus éin a bhfuil mire an tsamhraidh curtha díobh ag tógáil álta, bail mhaith a chur orthu féin agus iad ag tabhairt aghaidhe ar aimsir chrua an gheimhridh. Ar ndóigh éalaíonn cuid acu ó dheas agus tá cuairteoirí an tsamhraidh ag fágáil slán againn anois, iad ar a dturais chontúirteacha ar ais ag a gceathrúna geimhridh. Ina náit tá an drong ó thuaidh ag síobadh chugainn. Chonac na chéad chadhain ar chósta an oirthir i mBaile Átha Cliath faoi dheireadh na míosa agus scataí móra lapairí ag cruinniú cheana féin. Tá roinnt bláthanna nár feiceadh ó thús an tsamhraidh ag maisiú na tuaithe faoi láthair, an nóinín mór ina measc. Fad lae, is é sin méad uaireanta solais sa ló, a spreagann go leor plandaí le bláthú. Cuirtear cluain ar chuid acu sa bhfómhar nuair a chiorraíonn na laethanta agus bláthaíonn siad in athuair. Ach planda

foclóir

crobhaing; *bunch*
cadhan; *brent goose*
síobadh; *drifting*
lapairí; *waders*

amháin a bhláthaíonn go rialta tráth seo na bliana is ea an t-eidhneán, agus tábhacht ar leith leis dá bharr sin. I míosa a osclaíonn a bhláthanna buí-ghlasa agus tugann deis dhéanach d'fheithidí beathú ar phailin agus neachtar roimh shuan an gheimhridh. Ní aibíonn a chaora siúd go dtí an t-earrach, tráth gur beathú tábhachtach iad d'éanlaith imirceach. Ar ndóigh is tearmann socair é fallaing tiubh an eidhneáin do go leor éan le neadú ann, a leithéid an dreoilín.

Ag tús an fhómhair, agus an séasúr neadaithe sa bhfraoch agus san aiteann ar na hardáin chríochnaithe, bailíonn scataí gleoiseach sna páirceanna coinligh. Ní mé an bhfuil baint aige seo lena hainm Gaeilge eile – an coinnleoir óir (tabhair faoi deara go bhfuil 'coinnleach' le dhá 'n' ag Ó Doinnín). Le dhá scór go leith

Creidiúint: Colm Mac an Fhailghigh

Eidhneán; *Ivy*

foclóir

eidhneán; *ivy*
dreoilín; *wren*
gleoiseach; *linnet*
coinleach; *stubble*

Creidiúint: E. Dempsey

Gleoiseach; *linnet*

bliain tá titim thubaisteach i líon na héanlaithe síolití a ghnáthaíonn talamh feirme, an ghleoiseach agus an bhuíóg san áireamh. Is léir go bhfuil baint aige seo le hathruithe i gcleachtais fheirmeoireachta. Baintear barraí níos luaithe anois. Ach faoi scéim cosanta timpeallachta tuaithe íoctar deontais do thart ar mhíle go leith feirmeoirí ar fud na tíre le barra (meascán ros lín agus cabáiste) a chur mar mhaithe leis an bhfiadhúlra. Cuidíonn seo go mór leis na mionéin.

Tráthnóna bog tar éis siúlóide ar an dtrá ag bun abhainn Ráithe, shuigh mé seal ar bhruach na habhann. Sa gclapsholas thugas rian geal airgeadúil faoi deara san uisce faoin mbruach thall á ghearradh ag cloigeann íseal dorcha. I bhfaiteadh na súl bhí sé imithe. Ar ndóigh dobharchú a bhí ann. Bíonn bunadh

foclóir

síolití; *seed eating*
buíóg; *yellowhammer*
ros lín; *linseed*
dobharchú; *otter*

Credúint: Colm Mac an Fhailghigh

Seithí: Sionnach agus Dobharchú; *skins: fox and otter*

"

Dúirt cara liom go bhfaca sé ceur fhraoigh agus a hál siar ar an bportach ag Caiseal na gCorr i rith an tsamhraidh. Is tearc an t-éan anois é.

"

Cóipcheart: northeastwildlife.co.uk

Cearc fhraoigh; *Grouse*

an cheantair seo in amhras faoin 'madra uisce' agus sceon ar go leor roimhe. Dáiríre is ainmhí cúthail, faiteach é an dobharchú agus bíonn sé gníomhach i rith na hoíche don chuid is mó. Is cumasach an snámhóir é lena ladhracha scamallacha agus tá ar a chumas fanúint faoin uisce ar feadh ceithre bhomaite. Cé go bhfuil cáil ar an dobharchú mar chreachadóir éisc, is leithne i bhfad an clár bia aige; éanlaith uisce, luchóga, earca, loscainn, feithidí agus chuile shórt bia chladaigh san áireamh. Roinnt blianta ó shin tháinig cara liom ar mhadra uisce fireannach sínte marbh ar an mbóthar. Mar nach raibh sé i bhfad marbh, rug sé abhaile domsa é. Bhain mé de an tseithe agus leasaigh mé le meascán salainn agus alúim í. Is iontach dlúth fionnadh an dobharchú agus seithe den scoth atá inti. Ba í an tseithe chéanna a ba chion siocair mharú go

foclóir

luchóga; *rats*
earca; *newts*
loscainn; *frogs*
ladhracha scamallacha; *webbed toes*

creachadóir; *predator*
seithe; *pelt / skin*
leasaigh mé; *I cured*
alúim; *alum*

Droimeiteach; *fin whale*

Creidiúint: Pádraig Whooley

leor dobharchúnna mar bhí an-tóir orthu tráth. Tá sí agam go fóill agus fad ceithre troithe go beacht inti ó shrón go barr earbaill.

Dúirt cara liom go bhfaca sé cearc fhraoigh agus a hál siar ar an bportach ag Caiseal na gCorr i rith an tsamhraidh. Is tearc an t-éan anois é, ach dhá scór bliain ó shin bhíodar fós á lámhachadh go tréan sna bólaí seo agus níor ghá mórán dua a chur ort féin le teacht uirthi. Bhualas amach mé féin agus cara liom le dís ghadhar, sotair Gordon. Chlúdaíomar fad agus leithead na háite ach rian den chearc fhraoigh ní fhacamar. Chuamar siar cúl na Mucaise an lá dár gcionn. Mhúscail na gadhair cúpla naoscach, ach arís diabhal radhairc ar éan

foclóir

cearc fhraoigh; *grouse*	dís ghadhar; *pair of dogs*
sotair; *setters*	
tearc; *scarce*	
sna bólaí seo; *in these quarters*	

rua an phortaigh. Ach do thángamar ar fhianaise go bhfuil corrcheann fós thart. D'aimsíomar cúpla carnán donn, cac na circe atá cosúil le bun toitín i gcruth agus i ndath, agus is comhartha áit fhara iad seo. Tá an fraoch *(Calluna vulgaris)* óna mbaistear é, riachtanach agus lárnach i saol an éin seo. Teastaíonn fraoch ard mar fhothain di agus fraoch óg le soláthar bachlóg, bláthanna agus síolta a chinntiú lena beathú. Meastar go bhfuil laghdú tagtha ar an gcearc fhraoigh de bharr easpa bainistíochta cuí, an iomarca inír, foraoiseacht agus dó gan smacht ar phortaigh. Tá sí ar an liosta dearg ó thaobh caomhnaithe de agus creidtear nach bhfuil ach idir 1,000 agus 5,000 péire ag pórú sa tír san iomlán.

Creidiúint: Pádraig Whooley

Deilfeanna coiteanna; *common dolphins*

múscail; *raise*
áit fhara; *roosting place*
fraoch; *heather*

iomarca inír; *overgrazing*

Tuairiscíodh deilfeanna agus míolta móra go leor fá chósta na hÉireann i rith na míosa. Bhí an droimeiteach coitianta san iardheisceart ach go háirithe – cuid acu ainmhithe a fhilleann orainn bliain i ndiaidh bliana. Aithnítear ainmhithe éagsúla ó ghriangrafanna agus áirítear thart ar seasca acu a bheith sa cheantar. Is féidir fad thar 20 méadar a bheith ag an droimeiteach ach chonacthas a cholcheathrar mór, an míol mór gorm gur féidir fad os cionn 30 méadar a bheith aige, ina measc i mbliana. Seo an chéad radharc cruthanta den ainmhí is mó ar domhan i bhfarraigí na hÉireann. Is cosúil go bhfuilid ar a mbealach ó dheas don gheimhreadh.

Tá na bradáin ar ais ag rith san abhainn ag bun an gharraí cé go bhfuil an chuma air nach bhfuilid rólíonmhar. Tá's ag Dia go raibh uisce a dhóthain ann lena mealladh isteach ón bhfarraige. Drochbhliain dosna féileacáin a bhí ann de bharr na doininne agus do na feirmeoirí fosta. Tá síneadh curtha leis an séasúr spraeála le deis a thabhairt d'fheirmeoirí fáil réidh leis an bhfuílleach sciodair agus a ndabhcha stórála ag cur thar maoil - ach an aimsir a bheith oiriúnach. Geimhreadh bog atá ag teastáil anois.

foclóir

míol mór gorm; *blue whale*	sciodar; *slurry*
sciodar; *slurry*	dabhcha stórála; *storage tanks*
deilfeanna; *dolphins*	
droimeiteach; *finwhale*	

82

Deireadh
Fómhair
AN FÓMHAR

Ag tús na míosa bhí plandaí go leor fós faoi bhláth, ina measc an fiúise, nó deora Dé mar a thugtar air fosta. Ní planda dúchasach é seo ach planda a tógadh isteach ó Mheiriceá Theas go Sasana ar dtús am éigin san ochtú haois déag. Oireann an aeráid bhog thais anseo dó agus is in iarthar na tíre ach go háirithe is treise a bhfásann sé.

Bhí líon na ngráinneog agus na sionnach a chonac sínte ar an mbóthar suntasach ag tús na míosa freisin. Ar ndóigh tá gráinneoga faoi bhrú tráth seo na bliana ag fáil réidh don gheimhreadh, agus tá gráinneoga óga ag soláthar dóibh féin den chéad uair chomh maith. Caithfidh siad an oiread meáchain agus is féidir a chur suas le teacht slán as séasúr an fhuachta agus an ghátair. Táid gnóthach i rith an ama dá bharr agus i gcontúirt ón dtrácht níos minicí. Iad siúd a thagann slán ó bhaol an bhóthair, réiteoidh siad nead deas chluthar dóibh féin. Ní codladh amháin atá i gceist ag suan geimhridh na gráinneoige. Íslítear an ráta anála

Sionnach; *fox*

Cóipcheart: northeastwildlife.co.uk

foclóir

gráinneog; *hedgehog*
suan geimhridh; *hibernation*
soláthar dóibh féin; *fending for themselves*
cluthar; *cozy*

Creidiúint: Colm Mac an Fhailighigh

Páirc Náisiúnta Ghleann Bheatha; *Glenveagh National Park*

agus imshruthú fola go gceapfaí go raibh sí marbh. Íslítear fosta teocht a coirp ón ngnáth 35°C chomh híseal le 4°C. Mar seo a chuirfidh sí di an chuid is mó den gheimhreadh ag marachtaint ar a ciste saille. Is minic go ndúisíonn an ghráinneog ar feadh achair ghearr gach deich lá nó mar sin de. Tarlaíonn seo dá dheoin féin don chuid is mó ach dhúiseodh cur isteach de shaghas ar bith í chomh maith.

Bhí siúlóid aoibhinn againn i bPáirc Náisiúnta Ghleann Bheatha i rith na míosa. Tá buí agus crón duilliúr na mbeitheanna go taibhseach faoi láthair. Ar ndóigh tá cáil ar Ghleann Bheatha mar thearmann don tréad is mó fianna rua sa tír. Tá an fia rua ar an bhfia is mó atá againn in Éirinn anois, agus an t-aon cheann dúchasach againn. Cé go bhfuil sé scaipthe ar fud na tíre, níl an pór dúchasach Éireannach le fáil ach i gCiarraí. Bánaíodh na fianna rua i dTír Chonaill agus ar fud an chuid is mó den tír i lár na naoú haoise déag ach go háirithe nuair a

foclóir

imshruthlú; *circulation*	**bánaíodh;** *wiped out*
beitheanna; *birches*	
fia rua; *red deer*	
ciste saille; *fat reserves*	

deineadh dianseilg orthu ag am an ghorta mhóir (1845 – 1847). Ag deireadh na haoise sin cruthaíodh páirc fianna i gceantar Ghleann Bheatha nuair a deineadh achar fiche a trí míle acra talún a thimpeallú le sconsa fiche a hocht míle ar fhad. Tógadh ainmhithe ó Albain i dtosach leis an dtréad a bhunú ach tá pór Sasanach curtha leo ó shin. Ag deireadh an fhómhair a bhíonn teas an reithe ar na carrianna agus cloistear an bhúireach i bhfad ó láthair. Bíonn a mbeanna lánfhásta faoi Mheán an Fhómhair agus cuireann siad cath fíochmhar ar a chéile leo. Caitear na beanna gach Aibreán agus tosaíonn péire úr ag fás láithreach, péire a bheidh ní ba mhó.

Go dtí le déanaí ní raibh ach trí chineál fianna in Éirinn, an fia rua san áireamh maille leis an bhfia Seapánach agus an fia buí. Tá dhá cheann sa bhreis air sin, an fia Muntjac agus an fia odhar (Roe deer) tuairiscithe a bheith scaoilte faoin dtuath le deireannas. Tá gaol ag an bhfia rua leis an bhfia Seapánach a thóg an Tiarna Powerscourt isteach sa tír sa bhliain 1860 (carria amháin agus

Cóipcheart: northeastwildlife.co.uk

Fia rua; *red deer*

foclóir

carrianna; *stags*
fia Seapánach; *sika deer*
fia buí; fallow *deer*
teas an reithe; *heat of the rut*

trí eilit). Tá an dá speiceas trastorthúil agus tá na crosantaigh líonmhar aon áit a bhfaightear in éineacht iad. Arae is bagairt láidir é an crosú seo don phór dúchasach den bhfia rua.

Tá seanchleachtadh ag muintir Bhaile Átha Cliath ar an bhfia buí óir bhí tréad i bPáirc an Fhionnuisce chomh fada siar leis an seachtú haois déag. Faoi 2005 bhí 800 ainmhí sa tréad agus d'fhéadfadh thart ar 200 oisín a bheith acu in aghaidh na bliana. Bheartaigh Oifig na nOibreacha Poiblí, atá i gceannas ar an bPáirc, na fianna a laghdú go 450 ós sin an líon féarach a meastar a bheith ann.

Bhí spioróg suite ar chuaille taobh amuigh den doras an lá cheana agus is minic a fheicim fán abhainn í atá ina bhealach folaithe creiche aici. Sin é an nós fiaigh atá aici. Scinneann sí thar an talamh go híseal agus tagann de ruathar thar chlaí nó sceach sa mullach ar aon mhionéan go bhfuil de mhí-ádh air bheith ag fuireach ann.

Cóipcheart: northeastwildlife.co.uk

Crón agus buí an Fhomhair; *the brown and yellow of autumn*

foclóir

eilit; *hind*	**spioróg;** *sparrowhawk*
trastorthúil; *cross fertile*	
crosantaigh; *hybrids*	
oisín; *fawn*	

Tá difríocht mhór idir an baineannach agus an fireannach. Is mó go mór an baineannach i dtoirt agus i meáchan. Sin é mar atá ag go leor de na héin chreiche mar caithfidh an baineannach bheith in acmhainn uibheacha a ghiniúint agus a iompar agus fós bheith in ann soláthar di féin. Clúmh leamh donn don chuid is mó atá aici murab ionann agus an fireannach. Tá droim dúghorm airsean agus a bhrollach rua maisithe le bandaí dorcha cothrománacha. Is é an dathú seo a thugann a ainm eile dó, an ruán aille.

Fuair mé ceann sínte aon uair amháin a bhuail isteach i sconsa sreinge – is léir nach bhfuil an modh seilge s'aige gan chontúirt. Más beag é is iontach an neart atá sna crúba aige agus is géar iad na hingne – rud a d'fhoghlaim mé nuair a phiocas suas an t-éan leonta! Tá go leor éan creiche le feiceáil go rialta fá shléibhte agus críocha garbha Thír Chonaill. Tá an seabhac gorm, an meirliún, an clamhán, an cromán, an pocaire gaoithe agus an ceann cait. Ar ndóigh tá an ceann is maorga ar fad, an t-iolar fíréan tógtha isteach arís agus ag pórú anseo in athuair den chéad uair le thart ar chéad bliain anuas. Táim chun ciseán sreinge a lonnú in uachtar crann seiceamair ar bhruach na habhann mar bhunábhar neide, féachaint an meallfadh sé pocaire nó spioróg.

I lár na míosa chonac scata colúr coille ag déanamh craois ar thorthaí na sceiche gile os comhair an tí. Bhí leathdhosaen acu in aon chrann amháin agus a bprócar ag pléascadh le teann caor. Ní fada go raibh an crann áirithe sin lomtha acu agus tá mé ag déanamh nach rófhada eile a mairfidh biaiste na gcaor.

Ar an 26ú lá bhíos ag gabháil ó thuaidh fá abhainn na Sruthaile i dTír Eoghain. Tá na crainn fáibhile go flúirseach sa cheantar. Níl insint ar a n-áilleacht an lá sin, iad mar a bheadh brataeha taibhseacha buí agus flannbhuí ar foluain i ngal ghaoithe an fhómhair. Ní raibh an fheá dhúchasach riamh anseo in Éirinn. Saothróg den ghnáth-fheá is ea na feánna rua, iad uile iomadaithe ón aon chraobh amháin.

foclóir

seabhac gorm; *peregrine falcon*	**pocaire gaoithe**; *kestrel*
meirliún; *merlin*	**ceann cait**; *long-eared owl*
clamhán; *buzzard*	**iolar firéan**; *golden eagle*
cromán; *harrier*	**prócar**; *crop*

Bíonn na rónta glasa ag breith tráth seo na bliana, idir Meán Fómhair agus Nollaig. Tagann siad in inmhe ag sé bliana d'aois ach ní phóraíonn siad de ghnáth go mbíonn siad thart ar dheich mbliana. Tá meáchan capaill sa tarbh, é 2.5m ar fhad agus 300kg meáchan amantaí. Tá na bainirseacha níos lú, 1.8m agus 175kg. Faightear ar dhá thaobh an Atlantaigh iad, agus cé go bhfuil daonra domhanda de 250,000 ag an rón glas, níl ach thart ar 3,000 díobh fá chóstaí na hÉireann. Tagann siad i dtír ar chladaigh agus duirling in oileáin bheaga leis

Creidiúint: northeastwildlife.co.uk

Ruán aille; *sparrowhawk*

foclóir

feá; *beech*	**éan róin;** *seal pup*
saothróg; *cultivar*	
tagann in inmhe; *mature*	
bainirseach; *seal cow*	

na héin róin a shaolú. Cuireann an t-éanrón meáchan suas go gasta ar bhainne an-saibhir a mháthar, ar blonag 60% de.

Tar éis trí seachtaine tá 45kg aige – trí oiread a mheáchan seolta. Maireann na tairbh 25 bliain agus na bainirseacha 35 bliain nó mar sin.

Rón Glas; *Grey seal*

Creidiúint: Tony Mac an Fhailghigh

Samhain
AN GEIMHREADH

s í an tSamhain mí na marbh is na spiorad, agus ar go leor bealaí an mhí is dorcha den gheimhreadh. Is beag faoiseamh a bheidh le fáil ag dúile na tíre go ceann ráithe agus is iomaí ceann nach bhfeicfidh an bhliain úr. Arae tá lomadh na gcrann duillsilteach beagnach críochnaithe anois agus dreach gruama marbh an gheimhridh ar an dtír i gcoiteann.

Cóipcheart: northeastwildlife.co.uk

Scréachóg reilige; *barn owl*

duilsilteach; *deciduous*	**snag breac;** *magpie*
fiach dubh; *raven*	**préachán cos;** *dearg chough*
feannóg grey crow; *caitheog jackdaw*	**scréachóg coille;** *jay*
préachán; *rook*	**préachán cos dearg;** *chough*

Rí rua; chaffinch

Ag gabháil amach dom go moch thar Mhám na Mucaise ag tús na míosa thángas ar chonablach sionnaigh ar thaobh an bhóthair. Bhí fiach dubh agus feannóga ar an láthair romham agus iad tosaithe cheana ar obair an uafáis le gob 's crúb. De threibh na gcág iad an dá éan seo agus áirítear leo an chaitheog, an préachán, an snag breac, an préachán cos dearg agus an scréachóg choille.

Luadh an fiach dubh leis an mbás riamh. Ba é (b'ionchollú an Mhórrígan é) a thug le fios d'arm Mhaedhbha go raibh Cú Chulainn marbh nuair a thuirling sé ar a ghualainn. San úrscéal Athnuachan le Máirtín Ó Cadhain, thugadh Beartla Mór an fheannóg liath ar an otharcharr i gcónaí mar ba chomhartha an bháis do dhuine éigin é.

---

scréachóg reilige; *barn owl*   déadgheal; *white-toothed*
ulchabháin; *owls*
millíní; *pellets*
dallóg; *shrew*

Deirtear gur saoi na n-éan é an fiach. Is cinnte gur éan an-chliste é (tréith atá luaite leis na cága uile) agus go mbíonn saol fada i ndán dó le cleachta a ríomh agus a fhoghlaim. Tuairiscítear ceithre scór bliain a bheith ag an bhfiach scaití. Tá sé chomh mór leis an gclamhán féin agus gob láidir fíochmhar aige fosta.

Tosaíonn an fiach ag neadú go han-luath sa bhliain. Is cuimhin liom nead fiaigh a fheiscint i dtuaisceart Cheanada, troigh sneachta fós ar an talamh, agus trí chearc leathfhásta sa nead cheana! Aill sléibhe a roghnaíonn sé de ghnáth agus is minic é in iomaíocht le seabhac gorm don láthair. Tá aclaíocht aige san aer gur deacair a shárú. Feictear ag rothlú ar a dhroim san aer é le linn spraoi lena threibh féin, nó mar chosaint ar ionsaithe seabhaic.

Éan eile a luaitear leis na mairbh is ea an scréachóg reilige. Éan é atá tar éis éirí an-tearc agus meastar gur tháinig laghdú de 50% ar a líon le 25 bliain anuas. Táid fós le feiscint i gCluain Tarbh agus thart ar Pháirc Naoimh Áine. Is taibhseach an radharc é ag gluaiseacht i measc na gcrann sa gclapsholas agus gan oiread is siosarnach na gcleití le clos. Tá tréith seo an chiúnais ag na hulchabháin uile, a bhuíochas sin do dhéanamh chleití na sciathán. Tá a gciumhais siúd timpeallaithe le fallaing bhog chlúmhach a chuireann stop le haon siosarnach agus iad ag cuimilt dá chéile, bua iontach agus é ag iarraidh teacht aniar aduaidh ar a chreach sa dorchadas. Tá ulchabhán Scops mar pheata ag cara liom i gCill Mhantáin. San Afraic agus deisceart na hEorpa atá cónaí ar an gcineál seo agus níl ach méad smólaigh ann. Tá an peata seo breá cleachtaithe ar dhaoine agus saoirse an tí tugtha dó. Tá de nós aige an bord a thaithiú le linn béile agus ní aireofá i láthair é go mbraithfeá an leoithne ghaoithe óna sciatháin agus é ag tuirlingt.

Tá éagsúlacht ag baint le dath scréachóga na hÉireann agus naBreataine seachas éin lár na hEorpa. Is gile clúmh brollaigh an éin Éireannaigh san áit a mbíonn

foclóir

dallóg fhraoigh; *pygmy shrew*	liatráisc mistle; *thrush*
siocán; *fieldfare*	druid; *starling*
deargán sneachta; *red wing*	
smólach; *song thrush*	

brollach rua ar éin na mór-roinne. Seans go bhfuil tarrtháil nó faoiseamh éigin i ndán don scréachóg anseo mar go bhfuil creach nua ar fáil dóibh in Éirinn anois. Tá sé de nós ag éin chreiche na píosaí crua dá mbia (cleití, cnámha agus fionnadh) a chaitheamh amach ina millíní, agus fuarthas taisí dallóige nuathagtha in Éirinn, an dallóg mhór dhéadgheal, i millíní scréachóg I ndeisceart na tíre. Go gairid ina dhiaidh sin, in earrach na bliana 2007, gabhadh an dallóg dhéadgheal i ngaistí i dTiobraid Árann. Meastar gur tháinig an coimhthíoch seo isteach i bhfréamhacha plandaí a tógadh isteach ag ionad garraíodóireachta ón Eoraip. Tá cumas ard síolraithe aige agus is cinnte go mbeidh scaipeadh na mionéan air fud fad na tíre sar i bhfad. Cé go mbeidh sé ina ábhar suntasach

Cóipcheart: northeastwildlife.co.uk

Sionnach; fox

foclóir

scréachóg reilige; *barn owl*	**déadgheal;** *white-toothed*
ulchabháin; *owls*	
millíní; *pellets*	
dallóg; *shrew*	

creiche ag an scréachóg, ní fios fós cén tionchar a bheidh aige ar ár nainmhí dúchasach is lú, an dallóg fhraoigh. Níl an ceann deireannach seo ach 5 ghram meáchain, ach is fiagaí cíocrach é a chothaíonn é féin ar fheithidí agus cuiteoga.

Ba cheart tosú anois ar bheathú a chur amach dosna mionéin, agus coinneáil leis go rialta nuair a thosaíonn na héin ag brath ort. Seo an tráth bliana a dtosaíonn na siocáin agus na deargáin sneachta ag teacht againn ar a dteitheadh ó fhuacht nimhneach thuaisceart na mór-roinne, ag iarraidh a sciar féin den a bhfuil fágtha de chaora na sceiche gile agus eile a bhaint agus an geimhreadh a chur díobh. Feictear scataí díobh i bpáirceanna go minic i dteannta ár smólach agus liatráisc féin. Ar ndóigh tá ollscataí na lapairí agus na lachan ag cruinniú cheana féin fá locha agus inbhir na tíre. Más líonmhar iad na héin, is líonmhar chomh maith lucht a bhfaire, agus feicim go flúirseach iad ar dualgas lena dteileascóip mhóra i bhfearas ar an dtóchar ar an mBulla Thuaidh. Is minic iad uile ar thóir éin fhánaigh amháin ón iasacht a tuairiscíodh a bheith ar an láthair. Cé go bhfuil tábhacht leis na tuairiscí seo agus go gcuireann siad go mór lenár n-eolas ar chúrsaí imirce éan, caithfidh a rá gur mhó mo shuim san éan coiteann dúchasach. Déanaim iontas i gcónaí de scataí móra cuaifeacha na ndruideanna a bhfeictear sa gheimhreadh ach go háirithe i gcathracha na tíre, iad ag guairneáil thart go callánach roimh dhul síos na gréine sula dtiteann siad go tobann agus go ciúin dá n-áit fhara.

foclóir

dallóg fhraoigh; *pygmy shrew*
siocán; *fieldfare*
deargán sneachta; *red wing*
smólach; *song thrush*

liatráisc; *mistle thrush*
druid; *starling*

Nollaig
AN GEIMHREADH

Is minic nuair a bhíonn geimhreadh crua ar an Mór-Roinn go dtagann éan álainn chugainn ón iasacht ar a theitheadh ón sioc agus ón sneachta. An síodeiteach (waxwing an Bhéarla) atá i gceist agam, agus bhí scata acu i lár Bhaile Átha Cliath thar Nollaig. Bhíodar á mbeathú féin ar chaora na gcaorthann ar Shráid Uí Chonail agus ag fara i gcrann fuinseoige taobh amuigh d'amharclann An tAmbasadóir. Chuas féin isteach lena bhfeiscint chomh maith le go leor eile a bhí ag déanamh iontais den imirceach beag seo. Ainmnítear é as na curcaí dearga atá mar bhraonta céarach ar a sciatháin.

Idir dhá Nollaig chuamar ar shiúlóid i bPáirc Náisiúnta Ghleann Bheatha. Stadamar le féachaint thar an droichead ar Abhainn Chorraidh áit a bhfacamar bradáin ag sceitheadh sa linn síos an abhainn. Bhí cráin éisc mhór ag fuireach sa sruth os cionn an ghairbhéil ghil. Bhí péire bradán fireann (coiligh) ag teacht 's ag imeacht ó na fiailí sraoilleacha fá imeall na linne. Ba lú go mór iad ná an

Cóipcheart: northeastwildlife.co.uk

síodeiteach; *waxwing*

foclóir

curcaí dearga; *red tassles*
cráin éisc; *hen fish*
fiailí sraoilleacha; *trailing weeds*

98

Cóipcheart: northeastwildlife.co.ck

spideog; *robin*

chráin. Chas an chráin ar a leataobh agus rinne tochailt ghasta le buillí láidre dá heireaball. Rinne amhlaidh cúpla uair eile. Shocraigh sí isteach sa log ansin agus thaobhaigh na coiligh léi. Rinne sí racht creatha a mharcáil am na sceithe agus, go gasta, thréigeadar uilig an log. Níorbh fhada go dtug an chéad bhreac beag ruathar ar an láthair. Is dócha gur iomaí béile d'eochraí faighte sa linn chéanna aige, óir bhí comharthaí tochailte go flúirseach ann agus is cinnte go raibh bradáin go leor tar éis sceitheadh inti roimh thabhairt faoin bhfarraige. Tháinig ceann de na coiligh de sciuird agus chuir an ruaig ar an mbreac. D'fhan sé ag coimhéad an scarbháin go ceann roinnt nóiméad agus níor ceadaíodh do bhreac ar bith fuireach ann.

foclóir

eochraí; *fish eggs*
sceitheadh; *spawning*
scarbhán; *redd or riffle*
Síolta ramallacha; *slimy seeds*

Creidiúint: Tony Mac an Fhailighigh

cuileann; *holly*

An oíche sin thógamar lampaí láidre agus chuaigh ag féachaint ar roinnt scarbhán fá abhainn Ráithe. Oíche fhuar fheannta a bhí ann agus ní fhacamar ach cúig iasc i rith an turais. Ní raibh aon róbhail orthu ach an oiread. Is léir go raibh an chuid is mó des na bradáin imithe le sruth cheana, cibé seans a bhí acu an fharraige a bhaint amach arís.

focl óir

ramallach; *slimy*
coinlíní reo; *icicles*
síolta ramallacha; *slimy seeds*
seascainn; *swamps*

100

Ar ndóigh éan ar leith a luaitear leis an mí seo is ea an dreoilín. Tá sé ar cheann des na héin is lú atá againn (thart ar 9cm), agus gan ach an cíorbhuí níos lú. Bhíodh sé de nós fiach a dhéanamh air Lá an Dreoilín, 26ú Nollaig. Traidisiún is ea é seo a théann siar go haimsir na ndraoithe. Is féidir teacht ar bhuíon dreoilíní in aon fhara amháin, sean-nead go minic, agus iad cuachta le chéile lena gcoinneáil féin te.

Nach aisteach an nós tithe a mhaisiú le plandaí um Nollaig agus le plandaí síorghlasa ach go háirithe. Tá sé mar a bheimis ag iarraidh dhúshlán an gheimhridh a thabhairt, agus cluain a chur orainn féin go bhfuil fás agus borradh faoi dhomhan na bplandaí arís. Ar na plandaí is coiteann a úsáidtear tá an cuileann lena chaora cródhearga, an t-eidhneán agus an drualus. Maille leis na caora áille siúd, tuga tú fé deara nach bhfuilid ar gach crann cuilinn mar go bhfuil an cuileann dé-ghnéasach .i. go bhfuil idir chrainn fhireanna agus bhaineanna ann agus ní fhásann na caora ach ar an gcrann baineann. Déanann roinnt mangairí slad ar an gcuileann roimh an Nollaig. Chonaic ina seasamh iad ar bharr a veaineanna thart ar Loch Deán i gCill Mhantáin agus craobhacha á lomadh go santach acu, cuma leo cén dochar don chrann. Bíonn tosú ar an mbiaiste chomh luath sin scaití go mbíonn na caora seargtha faoi Nollaig. I mo thuairim féin b'fhearr iad a fhágaint ag na héin.

An planda is mó cáil faoi Nollaig ná lus na bpóigíní, an drualus (mistletoe, *Viscum album*). Chuile sheans gur ó chreidiúint na ndraoithe go raibh cumas torthúlachta ag an drualus a d'fhás nós na bpóg. Fásann sé ar ghéaga go leor crann, an dair ina measc agus tá sú darach mar ainm eile air. Planda páirt-sheadánach is ea an drualus. Goideann sé cuid dá bheathú ón gcrann cé gur féidir leis saothrú dó féin go pointe áirithe. Caora bána péarlacha atá ar an drualus le síolta ramallacha greamaitheacha taobh istigh. Cinntíonn an tréith seo go scaiptear na síolta ag na héin a itheann an fheoil. Luaitear an liatráisc leis

---

cíorbhuí; *goldcrest*	**dreoilín**; *wren*
cuileann; *holly*	**mangairí**; *hawkers / dealers*
drualus; *mistletoe*	**seargtha**; *withered*
páirt-sheadánach; *semi-parasitic*	

an drualus ach go háirithe, rud a léirítear ina ainm Béarla – an 'mistle thrush'. Tógann an t-éan an chaor agus déanann iarracht fáil réidh leis an síol trína ghob a chuimilt den ghéag, rud a fhágann an síol lonnaithe i suíomh oiriúnach le planda úr a ghiniúint. Tá ramallae an drualuis chomh greamaitheach sin go n-úsáidtí é tráth ina ghaiste le héin a ghabháil. 'Bird lime' a thugtaí air agus leathnaítí ar ghéaga fara go dtéadh na héin i bhfostú ann.

Níl dabht ach gurb é an spideog éan na Nollag, é léirithe go mion minic ar chártaí Nollag lena bhroinn dhearg ina chaor ar bhlár sneachta. Comrádaí dána an gharraíodóra is ea an spideog agus éiríonn sé thar a bheith ceansa sa gheimhreadh ach go háirithe. Tá sé ar cheann de na héin a chloistear ag canadh sa gheimhreadh mar déanann an fireannach agus an baineannach críocha a chosaint dóibh féin i rith an ama le foinse bídh a chinntiú. Thart ar an Nollaig a chuireann an spideog suim i gcúrsaí grá agus tosaíonn ag cuartú páirtí. Faoi lár an Eanáir beidh na cúplaí réitithe agus ansin stopann an baineannach ag canadh.

Le roinnt laethanta anuas tá na caoirigh ruaigthe anuas ó na cnoic ar maidin leis an drochaimsir agus an siocán. Caithfear a bheith cúramach ag gabháil thar Mhám na Mucaise go luath ar maidin tá an oiread sin acu ina luí ar an mbóthar. Tá na portaigh ina leac reoite agus coinlíní reo crochta de na bruacha móna. Buntáiste amháin a bhaineann leis seo go bhfuil sé éasca siúl thar phortaigh agus seascainn. Óir bhí fonn amuigh ar an dream óg, thug mo mhac agus a chairde aghaidh ar Loch Fiáin thuas ar Shliabh Eachla i Sléibhte Dhoire Bheatha. Bhí an loch clúdaithe go huile is go hiomlán ag leac oighir a bhí ceithre orlach ar dhoimhneacht. Ní minic a tharlaíonn seo in Éirinn, fiú i locha sléibhtiúla, agus is mór an cruatan do dhúile beo a leithéid d'aimsir.

Tá bachlóga ar an aiteann cheana féin, fé mar a bheadh scáil bhuí na gréine ag sealbhú na tíre reoite, agus ní fada anois go mbeidh an t-earrach ag caolú chun tosaigh. Ná ceapa éinne áfach go bhfuil deireadh le fuacht agus doineann go

foclóir

coinlíní reo; *icicles*
seascainn; *swamps*
dúile; *creatures*

ceann roinnt seachtainí go fóill. Tá líon mór dúile nach bhfeicfidh an bhliain úr riamh, nó nach dtéifidh meathghrian an earraigh a gcorp préachta. Sin mar atá ag cruálacht agus fírinne sheasmhach dhomhan an dúlra. Ach tá dóchas agus tnúthán riamh ann.

Is roth síoraí é an domhan céanna. Tá cinnteacht agus seasmhacht ag tionlacan na héiginnteachta agus an tsíor-athraithe. Tá taithí thar na glúnta ag na dúile atá in Éirinn leis na mílte bliain ar theagmhais gan choinne an tsaoil, agus tá seifteanna acu le teacht slán. Trí imeachtaí an nádúir in aon bhliain ar leith a bhreacadh, tugtar léargas dúinn ar imeachtaí bliain ar bith agus rialtacht dhochreidte chasadh na bliana.

Tá súil agam gur spreagadh atá sa leabhrán seo don léitheoir súil chirce a chur air féin agus iontaisí na bliana a bhraistint go géar. Is iomaí ceacht atá le foghlaim agus tuiscint le fáil ar shuíomh an duine daonna sa chruinne.

Athbhliain faoi shéan 's faoi mhaise againn go léir!

teagmhas; *event*
tnúthán; *expectancy*

GLUAIS

ainmhí na seolta; liamhán gréine; **basking shark**; *Cetorhinus maximus*
aiteann Gaelach; **western gorse**; *Ulex gallii*
aiteann gallda; **common gorse**; *Ulex europaeus*
aiteann; **gorse; furze; whin**; *Ulex*

báchrán; pónaire chorraigh; **bogbean**; *Menyanthes trifoliata*
beacán; **toadstool; mushroom**
beach ghabhair; **hover-fly**; *Syrphidae*
beach; **bee**; *Apoidea*
beith; **birch**; *Betula*
bóín Dé; **ladybird**; *Coccinellidae*
bolb; **caterpillar**; *Lepidoptera*
bonnán buí; **bittern**; *Botaurus stellaris*
bradán; **salmon**; *Salmo salar*
breac; **trout**; *Salmo trutta*
breallach; **clam**; *Mya arenaria*
broc; **badger**; *Meles meles*
buíóg; **yellowhammer**; *Emberiza citrinella*
bumbóg; **bumble bee**; *Bombus*

cadhan; **brent goose**; *Branta bernicla*
cailleach dhubh; **cormorant**; *Phalacrocorax carbo*
caislín cloch; **stone chat**; *Saxicola torquata*
caitheog; cág; **jackdaw**; *Corvus monedula*
caitíní; **catkins**
caorthann; **rowan; mountain ash**; *Sorbus aucuparia*
cat crainn; **pine marten**; *Martes martes*
ceann cait; **long-eared owl**; *Asio otus*
cearc fhraoigh; **red grouse**; *Lagopus lagopus*
ceolaire giolcaí; **reed warbler**; *Acrocephalus scirpaceus*
ciaróg ablaigh; ciaróg fholaigh; **sexton beetle**; *Necrophorus*
cíorbhuí; **gold crest**; *Regulus regulus*

clamhán; **buzzard**; *Buteo buteo*
cluas chaoin; **cuckoo pint**; **lords and ladies**; *Arum maculatum*
cnó capaill; **horse chestnut**; *Aesculus hippocastanum*
coinnleoir óir; gleoiseach; **linnet**; *Carduelis cannabina*
coinnlí corra; **bluebells**; *Endymion non-scriptus*
colúr coille; **wood pigeon**; *Columba palumbus*
corr réisc bhán; éigrit bheag; **little egret**; *Egretta garzetta*
corr réisc; **grey heron**; *Ardea cinerea*
cráin dhubh; **orca**; **killer whale**; *Orcinus orca*
cráinbheach; **queen bee**; *Apoidea*
crann buaircíneach; **coniferous tree**; *Coniferae*
cromán; **hen harrier**; *Circus cyaneus*
crosán; **razorbill**; *Alca torda*
crosóg; **star fish**; *Asterias rubens*
crotach; **curlew**; *Numenius arquata*
cuach; **cuckoo**; *Cuculus canorus*
cuil Bhealtaine; **Mayfly**; *Ephemera danica*
cuil chadáin; **caddis fly**; *Trichoptera*
cuil chloch; **stone fly**; *Plecoptera*
cuileann; **holly**; *Ilex aquifolium*
cuiteog; **earthworm**; *Lumbricus terristris*

dair thoilme; **holm oak**; *Quercus ilex*
dair; **oak**; *Quercus*
dallóg fhraoigh; **pygmy shrew**; *Sorex minutus*
dallóg mhór dhéad-gheal; **great white toothed shrew**; *Crocidura russula*
damhán alla; **spider**; *Araneae*
damhán mór tí; **giant house spider**; *(Tegenaria gigantea)*
daol; **beetle**; *Carabidae*
deargán sneachta; **redwing**; *Turdus iliacus*
deilf; **dolphin**; *Delphinidae*
deora Dé; fiúise; **fuchsia**; *Fuchsia magellanica*
diúilicín péarla fionnuisce; **freshwater pearl mussel**; *Margaritifera margaritifera*
diúilicín riabhach; **zebra mussel**; *Dreissena polymorpha*
dobharchú; madra uisce; **otter**; *Lutra lutra*
donnóg; **hedge sparrow**; *Prunella modularis*
draighneán; **blackthorn**; *Prunus spinosa*
dreoilín; **wren**; *Troglodytes troglodytes*
dris; **bramble**; *Rubus fruticosus*
droimeiteach; **finwhale**; *Balaenoptera physalus*
drualus; sú darach; **mistletoe**, *Viscum album*
drúchtín; **slug**; *Limacidae*
druid; **starling**; *Sturnus vulgaris*

eala Bewick; **Bewick swan**; *Cygnus bewickii*
eala bhalbh; **mute swan**; *Cygnus olor*
eala ghlórach; **whooper swan**; *Cygnus cygnus*
earc luachra; **lizard**; *Lacerta vivipara*
earc sléibhe; **newt**; *Triturus vulgaris*
easóg; **stoat**; *Mustela erminea*
eidhneán; **ivy**; *Hedera helix*
éigrit bheag; corr réisc bhán; **little egret**; *Egretta garzetta*

fáinleog; **swallow**; *Hirundo rustica*
falcóg; **auk**; *Alcidae*
faoileán; **seagull**; *Larus*
feá; crann fáibhile; **beech**; *Fagus sylvatica*
feabhrán; **hogweed**; *Heracleum sphondylium*
feannóg; **grey or scald crow**; *Corvus corone cornix*
fearbán; **buttercup**; *Ranunculus repens*
fearnóg; **alder**; *Alnus glutinosa*
féileacán; **butterfly**; *Lepidoptera*
feirdhris; **dog rose**; *Rosa canina*
féithleann; **honeysuckle**; *Lonicera periclymenum*
fia buí; **fallow deer**; *Dama dama*
fia Muntjac; **Muntjac deer**; *Muntiacus reevesi*
fia odhar; **roe deer**; *Capreolus capreolus*
fia rua; **red deer**; *Cervus elaphus*
fia Seapánach; **sika deer**; *Cervus nippon*
fiach dubh; **raven**; *Corvus corax*
fíneog dhearg; **red mite**; *Acari*
fiúise; deora Dé; **fuchsia**; *Fuchsia magellanica*
foiche sheadánach; **parasitic wasp**; *Apocrita*
foracha; **guillemot**; *Uria aalge*
fraoch; **heather**; *Calluna vulgaris*
fuinseog; **ash**; *Fraxinus excelsior*

gabha uisce; **dipper;** *Cinclus cinclus*
gabhlán binne; **house martin**; *Delichon urbica*
gabhlán gainimh; **sand martin**; *Riparia riparia*
gabhlán gaoithe; **swift**; *Apus apus*
gainéad; ogastún; **gannet**; *Sula bassana*
gairleog; **garlic;** *Allium sativum*
gallán mór an gheimhridh; **winter helliborine**; *Petasites fragrans*
gealbhan binne; **house sparrow**; *Passer domesticus*
giolcach; **common reed**; *Phragmites australis*
giorria Éireannach; **Irish hare**; *Lepus timidus hibernicus*

giorria Eorpach; **brown hare**; *Lepus europaeus*
giorria; **hare**; *Lepus*
giúis; **pine; bog deal**; *Pinus sylvestris*
glasán; **coalfish**; *Pollachius virens*
gleoiseach; coinnleoir óir; **linnet**; *Carduelis cannabina*
gobadán; **common sandpiper;** *Actitis hypoleucos*
gráinneog bheag na h-Afraice; **African pygmy hedgehog**; *Atelerix albiventris*
gráinneog; **hedgehog**; *Erinaceus europaeus*
grán buí; **maize**; *Zea mays*

ialtóg fheascrach; **pipistrelle bat**; *Pipistrellus pipistrellus*
ialtóg Leisler; **Leislers bat**; *Nyctalus leisleri*
ialtóg; **bat**; *Chiroptera*
iolar fíréan; **golden eagle**; *Aquila chrysaetos*
iora glas; **grey squirrel**; *Sciurus carolinensis*
iora rua; **red squirrel**; *Sciurus vulgaris*

lacha rua; **wigeon**; *Anas penelope*
lacha spadalach; **shoveler duck**; *Anas clypeata*
ladrann; **drone (male bee)**; *Apoidea*
laidhrín trá; **redshank**; *Tringa totanus*
lasair choille; **goldfinch**; *Carduelis carduelis*
leadhbóg; **fluke; flounder**; *Platichthys flesus*
leamhan tíograch; **tiger moth**; *Arctia*
leamhan; **moth**; *Lepidoptera*
liamhán gréine; ainmhí na seolta; **basking shark**; *Cetorhinus maximus*
liatráisc; **mistle thrush**; *Turdus viscivorus*
líobhógach Afracach; **curly leaved pond weed**; *Lagarosiphon major*
liús; **pike**; *Esox lucius*
lóma mór; **great northern diver**; *Gavia immer*
loscán; **frog**; *Rana temporaria*
luachair; **rush**; *Juncus*
luchóg; **mouse**; *Muridae*
lus na gaoithe; **wood anemone**; *Anemone nemorosa*
lus na gloine; **samphire; glasswort**; *Salicornia*

madra uisce; dobharchú; **otter**; *Lutra lutra*
madraí bána; **bee grubs; larvae**
meantán; **tit**; *Paridae*
meirliún; **merlin**; *Falco columbarius*
míol mór gorm; **blue whale**; *Balaenoptera musculus*
míol mór; **whale**; *Cetacea*
míoltógaí; **midges**; *Chironomidae*

mogóir; **rose hip**; *Rosa*
muc mhara; **porpoise**; *Phocoena phocoena*

naoscach; **snipe**; *Gallinago gallinago*
neantóg; **nettle**; *Urtica dioica*
nóinín mór; **ox eye daisy**; *Leucanthemum vulgare*

ogastún; gainéad; **gannet**; *Sula bassana*

patachán; **leveret**; *Lepus*
peasair; **vetch**; *Vicia*
peirsil na mbó; **cow parsley**; *Anthriscus sylvestris*
pis; **pea**; *Leguminosae*
pocaire gaoithe; **kestrel**; *Falco tinnunculus*
pollóg; **pollock**; *Pollachius pollachius*
pónaire chorraigh; báchrán; **bog bean**; *Menyanthes trifoliata*
portán; **crab**; *Decapoda*
praslacha; **teal**; *Anas crecca*
préachán cos dearg; **chough**; *Pyrrhocorax pyrrhocorax*
préachán; **rook**; *Corvus frugilegus*

ráib; **rape seed**; *Brassica napus*
rí rua; **chaffinch**; *Fringilla coelebs*
riabhóg mhóna; **meadow pipit**; *Anthus pratensis*
roilleach; **oyster catcher**; *Haematopus ostralegus*
rón beag; **common seal**; *Phoca vitulina*
rón glas; **grey seal**; *Halichoerus grypus*
ronnach; **mackerel**; *Scomber scombrus*
ruán aille; **sparrowhawk**; *Accipiter nisus*
ruán beag; **small tortoiseshell butterfly**; *Aglais urticae*

sabhaircín; **primrose**; *Primula vulgaris*
sailchuach; **violet**; *Viola*
saileach; **willow**; *Salix*
sceach gheal; **hawthorn**; *Crataegus monogyna*
scréachóg coille; **bluejay**; *Garrulus glandarius*
scréachóg reilige; **barn owl**; *Tyto alba*
seabhac gorm; **peregrine falcon**; *Falco peregrinus*
seamair bhán; **white clover**; *Trifolium repens*
seamair bhuí; **lesser trefoil; shamrock**; *Trifoliium dubium*
seamair dhearg; **red clover**; *Trifolium pratense*
seangán capaill; **black ant**; *Lasius niger*
seangán; **ant**; *Formicidae*
seicamar; **sycamore**; *Acer pseudoplatanus*

seilmide; **snail;** *Gastropoda*
siocán; **fieldfare;** *Turdus pilaris*
síodeiteach; **waxwing;** *Bombycilla garrulus*
sionnach; **fox;** *Vulpes vulpes*
sléibhín; faoileán ceann dubh; **black headed gull;** *Larus ridibundus*
sméara; **blackberries;** *Rubus fructicosus*
smólach; **song thrush;** *Turdus philomelos*
snag breac; **magpie;** *Pica pica*
spideog; **robin;** *Erithacus rubecula*
spioróg; **sparrowhawk;** *Accipiter nisus*
sú darach; drualus; **mistletoe;** *Viscum album*

torbán; **tadpoles;** *Rana temporaria*
tornapa fiáin; **wild turnip;** *Brassica rapa*
traonach; **corncrake;** *Crex crex*
trom; **elder;** *Sambucus nigra*

ulchabhán; **owl;** *Strigidae*
ulchabhán Scops; **Scops owl;** *Otus scops*

víreas bolgaí; **pox virus**

Dialann Dúlra
Nótaí